校园文化建设的
理论与实践研究

尹秀坤　著

中华工商联合出版社

图书在版编目（CIP）数据

校园文化建设的理论与实践研究 / 尹秀坤著. --北京：中华工商联合出版社，2021.9
ISBN 978-7-5158-3126-8

I. ①校… II. ①尹… III. ①小学—校园文化—建设—研究—渝北区 IV. ①G627

中国版本图书馆CIP数据核字（2021）第191125号

校园文化建设的理论与实践研究

作　　者：	尹秀坤
出 品 人：	李 梁
责任编辑：	李 瑛　孟 丹
装帧设计：	上师文化
责任审读：	付德华
责任印制：	迈致红
出版发行：	中华工商联合出版社有限责任公司
印　　刷：	广东虎彩云印刷有限公司
版　　次：	2021年12月第1版
印　　次：	2021年12月第1次印刷
开　　本：	700mm×1000mm　1/16
字　　数：	135 千字
印　　张：	9.5
书　　号：	ISBN 978-7-5158-3126-8
定　　价：	48.00元

服务热线：010-58301130—（前台）
销售热线：010-58301132（发行部）
　　　　　010-58302977（网络部）
　　　　　010-58302837（馆配部）
　　　　　010-58302813（团购部）
地址邮编：北京市西城区西环广场A座
　　　　　19-20层，100044
http://www.chgslcbs.cn
投稿热线：010-58202907（总编室）
投稿邮箱：1621239583@qq.com

前　言

文化是中华民族生存和发展的重要力量，是中华民族增强凝聚力、战斗力和创造力的重要源泉。坚定中国特色社会主义文化自信，要充分理解中国特色社会主义文化高度的科学性、鲜明的时代性。

坚定文化自信能为道路、理论、制度自信提供精神动力。一是中国特色社会主义文化既是中华民族的基因，又是中华民族的精神家园，是中华民族的标识。因此，坚定中国特色社会主义文化自信是坚定中国特色社会主义道路、理论、制度自信中构建心理认同的基础。二是中国特色社会主义文化是一座思想的宝库、智慧的宝库，它蕴藏着建设中国特色社会主义的丰富经验和治国理政的卓越智慧，因而能为坚定中国特色社会主义道路、理论、制度自信提供思想财富。三是文化自信作为动力来源，反映着中华民族的精神风貌、内心信念和自我激励，表现着中国特色社会主义建设中强大的精神力量，能够营造出坚定中国特色社会主义道路、理论、制度的实践氛围。

校园文化有广义和狭义之分，广义的校园文化是校园内物质文化、制度文化和精神文化的总和。狭义的校园文化仅指校园内的精神文化，即校园的校风、校训、教风、学风以及长期形成的学校意志的概括。经过多年的探索与研究，我们对校园文化的含义大致有以下几种理解：第一，文化氛围。校园文化既非课内活动，也非课外活动，而是通过具有学生特点的精神环境或是学校在教学管理及整个教育过程中逐渐形成的特定文化氛围和文化传统，使置身其间的学生受到熏陶和启发，从而获得全面发展的文化形态。第二，课外活动。校园文化是指以学生为主体开展的课外活动，是学生校园生活存在方式的总貌，作用是娱乐和调剂学生的学习文化生活，是一种寓教育于活动的文化形态。第三，第二课堂。校园文化是学生接受道德及艺术教育的第二课堂，是第一课堂的延伸、补充和完善。第四，意识形态。校园文化是由学生这一特定的社会群体在学校这一特定的环境中所创造的一种社会文化，是校园意识形态的总和。第五，文化要素复合。校园文化是在学校工作、学习和生活的全体成员创造的，具有新的内容和独特形式，以不同形态存在，由最小独立单位所组成的复合整体。第六，物质、精神总和。校园文化是学校在长期的育人实践中所逐步营造的具有学校特色的物质财富和精神财富的总和。

总结前人对"文化"概念阐述的缺憾，结合教育发展规律和学校自身的独特性，在概括校园文化的概念时，既要揭示校园文化的内涵，明确其外延，又要对校园文化各要素的性质及其关系作出准确的解说。"应该是以学校为组织领导，以师生为主体，以学生为核心，以课外文化活动为主要内容，以校园为主要空间，以校园精神为主要特征的一种群体文化"。

中华民族创新了光辉灿烂的文化，道德文化属于其中的瑰宝，是我国社会主义道德文明的源头。新时代的思想道德建设要积极汲取中华优秀传统文化的思想精华和道德精髓，大力弘扬以爱国主义为核心的民族精神和以改革创新为核心的时代精神，深入挖掘和阐发中华优秀传统文化讲仁爱、重民本、守诚信、崇正义、尚和合、求大同的时代价值，使中华优秀传统文化成为涵养新时代思想道德建设的重要源泉，也是我们教育工作者加强学校德育教育、落实立德树人根本任务的初心和历史使命。

我们坚信教育的本质是一片云推动另一片云，一棵树撼动另一棵树，是唤醒智慧与良知的过程。因此，首先要加强对学生进行思想道德建设，实现以德化人、以文化人，让学生真正成为全面发展的社会主义建设者和接班人。

　　重庆市渝北区第三实验小学地处长江、嘉陵江交汇之地，继承雄浑两江之灿烂文明，蕴蓄巴渝古地之历史文化脉络，以山水为师，以自然为友，从至善民风中领悟为教为学、立身修身之道理，获取办学治校之灵感，确立了"为社会谋进步、为国家谋富强、为民众谋福祉"的办学宗旨。按照自觉培育和践行社会主义核心价值观的要求和立德树人的根本任务，把加强校园文化建设纳入学校中长期教育总体规划，落实到教育教学和管理服务的各个环节，形成了课堂教学、社会实践、培育学校精神等多位一体的育人平台。经过多年来的校园文化建设的研究与实践，我们收获了这部校园文化建设实践与研究的阶段性成果。我们行进在新时代教育改革发展的星光大道上，深知任重道远，不忘教育初心，牢记育人使命！

重庆市渝北区第三实验小学校长　尹秀坤

2020年8月

目　录

前　言 ⋯⋯⋯⋯⋯⋯⋯⋯⋯⋯⋯⋯⋯⋯⋯⋯⋯⋯⋯⋯⋯⋯⋯⋯⋯⋯⋯⋯⋯ 1

第一章　教育与文化融合促进学校优质发展 ⋯⋯⋯⋯⋯⋯⋯⋯⋯⋯⋯ 1

　　第一节　教育的基本概念 ⋯⋯⋯⋯⋯⋯⋯⋯⋯⋯⋯⋯⋯⋯⋯⋯⋯ 1

　　第二节　教育与文化的主要关系 ⋯⋯⋯⋯⋯⋯⋯⋯⋯⋯⋯⋯⋯ 2

　　第三节　文化对教育的基本作用与影响 ⋯⋯⋯⋯⋯⋯⋯⋯⋯ 5

　　第四节　教育促进文化发展的基本功能 ⋯⋯⋯⋯⋯⋯⋯⋯⋯ 6

第二章　校园文化的基本内容与分类 ⋯⋯⋯⋯⋯⋯⋯⋯⋯⋯⋯⋯⋯ 8

　　第一节　校园文化的概念解读 ⋯⋯⋯⋯⋯⋯⋯⋯⋯⋯⋯⋯⋯ 9

　　第二节　校园文化的基本特征 ⋯⋯⋯⋯⋯⋯⋯⋯⋯⋯⋯⋯⋯ 11

　　第三节　校园文化的基本分类 ⋯⋯⋯⋯⋯⋯⋯⋯⋯⋯⋯⋯⋯ 13

　　第四节　校园文化的作用与价值功能 ⋯⋯⋯⋯⋯⋯⋯⋯⋯ 17

第三章　加强校园文化建设与立德树人的重大意义 ⋯⋯⋯⋯⋯⋯ 19

　　第一节　人文精神与核心价值观 ⋯⋯⋯⋯⋯⋯⋯⋯⋯⋯⋯⋯ 19

　　第二节　立德树人教育要素中的文化意蕴 ⋯⋯⋯⋯⋯⋯⋯ 24

　　第三节　道德教育的文化功能 ⋯⋯⋯⋯⋯⋯⋯⋯⋯⋯⋯⋯⋯ 35

第四章 构建校园文化的基本策略与路径 ⋯⋯⋯⋯⋯⋯⋯⋯ 41

第一节 构建校园文化的基本原则 ⋯⋯⋯⋯⋯⋯⋯⋯ 41

第二节 构建校园文化的基本策略 ⋯⋯⋯⋯⋯⋯⋯⋯ 44

第三节 构建校园文化的基本路径 ⋯⋯⋯⋯⋯⋯⋯⋯ 45

第四节 构建校园文化建设的基础工作 ⋯⋯⋯⋯⋯⋯ 64

第五节 校园文化在教育事业发展中的基本功能 ⋯⋯ 65

第五章 加强校园文化建设与特色学校构建 ⋯⋯⋯⋯⋯⋯⋯ 71

第一节 特色学校建设与多元文化发展背景 ⋯⋯⋯⋯ 71

第二节 打造特色学校与学校文化精神的凝练 ⋯⋯⋯ 73

第三节 特色学校建设与学校文化建构 ⋯⋯⋯⋯⋯⋯ 76

第六章 校园文化建设个案解析 ⋯⋯⋯⋯⋯⋯⋯⋯⋯⋯⋯⋯ 84

个案一重庆市渝北区新牌坊小学 ⋯⋯⋯⋯⋯⋯⋯⋯ 84

个案二重庆市渝北区第三实验小学 ⋯⋯⋯⋯⋯⋯⋯ 90

第七章 校园文化建设中的问题思考与未来展望 ⋯⋯⋯⋯ 121

第一节 校园文化建设中需要思考的十个主要问题 ⋯ 121

第二节 校园文化建设的基本价值取向 ⋯⋯⋯⋯⋯⋯ 124

第三节 走出校园文化建设的误区 ⋯⋯⋯⋯⋯⋯⋯⋯ 126

第四节 加强校园文化建设的对策措施 ⋯⋯⋯⋯⋯⋯ 129

第五节 校园文化建设的未来展望 ⋯⋯⋯⋯⋯⋯⋯⋯ 137

参考文献 ⋯⋯⋯⋯⋯⋯⋯⋯⋯⋯⋯⋯⋯⋯⋯⋯⋯⋯⋯⋯⋯ 142

第一章 教育与文化融合促进学校优质发展

文化是学校办学得以持续的根和魂，办学就是传承和深化文化。一所办学特色鲜明的学校，其文化必然是在具有共性的基础上，彰显其独有的特质。因此，特色学校建设中，牢牢抓住文化这一核心要素，以"文化立校，以文化育人"。

教育的本质是促进人类生命个体的健康成长，教育不仅仅是教书，更重要的是育人，着眼于学生核心素养的全面发展、长远发展，从知识能力、学习体验、健康生活的培养需求，上升到注重培养有理想、有本领、有担当的全面发展的人的办学宗旨。为此，学校教育应积极倡导打造特色精神文化、构建实力课堂文化、创建多彩课程文化的发展路径，努力践行尊重个性、挖掘潜能，让每一个孩子都走向成功的核心办学理论。

第一节 教育的基本概念

教育是人类特有的社会现象，是一种培养人的社会活动，教育可分为广义的教育和狭义的教育两种。

广义的教育是指增进人们的知识和技能，以影响人的身心发展为直接目的的社会活动。

狭义的教育是指学校教育，即教育工作者依据一定的社会要求，有目的、有计划、有组织地对受教育者的身心施加影响，使受教育者的思想和行为发生预期变化的活动。

狭义教育的概念中隐含着四层含义：

一、教育是一种培养人的活动。在这一活动中，促使受教育者掌握知识和技能，形成个体的价值观体系，获得一定的身心发展。

二、教育是社会活动。一方面，教育活动在一定的社会环境中进行，社会为教育活动提供必要的条件；另一方面，教育的目的是将受教育者培养成为社会需要的人。因此反映了社会对受教育者的要求，并受一定社会因素的制约。

三、教育是传递社会经验的媒介。教育活动的基本形式是知识和经验的传递，是将人类积累起来的生产及生活经验传授给下一代，使之能够适应现存的生产和生活方式。因此可促使个体的社会化，使其按照一定的社会规范及要求来发展自己，并在继承前人经验的基础上不断开拓创新和完善。

四、教育是促进社会发展的保证。首先，通过教育，奠定发展社会生产力所需要的德、智、体、美全面发展的各类人才基础。其次，通过教育，将各类人才创造的各种科研成果和技术科学转化为现实的生产力，加速社会生产力和经济的发展。

教育受社会发展和人的发展制约，又通过社会文化传递积极影响作用于社会和人的发展。教育的本质可表述为：教育是根据一定社会要求和人的身心发展特点和规律，通过传递人类文化，对人的身心发展施加影响，促使其社会化，进而又反作用于社会的实践活动。教育的功能包括对人的发展功能，对社会发展的功能，两方面功能是内在的统一的。

第二节 教育与文化的主要关系

可以这样说，文化与教育相伴而生，相随而长，在漫长的历史长河中，互为前提，互相砥砺，两者缺一不可。

一、文化是本质性的，教育是文化的形式，是一定人类文化的表现

其一，教育是文化的表现形式，是文化中的一个重要组成部分。在教育活动中，学校教育本身就是"制度化教育"的代名词，就是非正规、非正式教育也并非杂乱无章的、零散的，"制度化"的成分在其中仍占着重要地位。从教育理论的角度来讲，教育又是文化的精神层面这一大家庭中的一员，它于文化的精神层面，实是生于斯，长于斯，又丰富于斯。其二，文化传统制约着教育活动的过程，不同教育反映着不同文化背景，体现着迥异的文化传统。文化传统是一个民族各种思想规范、观念形态的总体特征，融汇于教育活动过程之中，制约着教育的方方面面。在文化传统运行的过程中，会逐渐形成与此系统相契合的价值判断体系，它对教育的发展轨迹和变革起着调控、制约作用。其三，文化的流变制约着教育发展的历程。文化并非仅静态地固守其传统，它在历史长河中屡有变迁，教育也随之更迭。文化现代化，建构新的文化观与此相应，教育的现代化也扯起了风帆，搞现代化的国家正在使自己的一套教育制度适应其具体的要求，不断加强教育活动之间的统一性和相互联系。

二、教育作为文化形式，会反作用于文化整体，使自身体现出深刻的文化上的意义

(一)保存文化、维持文化生存是教育的基本职能

保存文化的唯一方式就是传授这种文化。因为从一定意义上来讲，文化作为过去的遗产，它只能由教育加以继承。教育活动传递着文化中最重要的习惯、传统和经验，它持续于文化发展的始终，教育活动向年轻一代传递的这些内容，维持了文化系统，保证了文化的延续和相对稳定。学校主要是充当文化机构，向下一代传递，从而使下一代继承了作为一种不断发展现象的文化。文化由传递而普遍遗留去，教育通过发挥其传递的功能，使文化得到了再生和继承，并使自身成为文化的工具和材料，也因此成为文化存在的原因。

（二）教育可以传播外来文化，创造新文化，促进文化变迁

传播在文化变迁中居于举足轻重的地位，文化传播离不开一定的传播关系、传播媒介和传播方式。教育利用其得天独厚的条件，为文化传播大开方便之门。从一定意义上讲，教育过程就是创造文化的过程。教育在传递、传播文化的过程中，从来就不是简单地复制文化，而是通过各种方式使原有文化发生变化，衍生出新的文化要素。教育特别是学校教育作为培养人的创造精神、创造才能的主要力量，可以在一定程度上激发起人机体内的各种潜能，促使其成为创造性人才，从而为文化创造提供原动力。当然，在文化变迁的整个过程中，由于教育发挥的作用不同，既可以成为文化变迁的动力，也有可能阻碍变迁。一此一彼，一正一反，两者兼具。

（三）教育可以整合、控制文化，使文化结为一体，增强文化自身的凝聚力

文化涉及人类活动的各个方面，无论何种文化，从整体上来讲，都是在一定程度上整合为一的。文化一旦达成整合，就会形成一种文化模式，有一种保持下去的倾向，它对文化的产生、发展起着重要的限制作用。教育对文化的影响是受多种因素制约的。当然，在不同的历史时期，其表现不尽相同，对此不能一概而论。从以上对文化与教育的关系中不难看出，文化与教育是陈陈相因、袭袭相连的。没有文化，就不会有教育。如果抽去了文化，教育就不仅失却其内容，而且会失却其作用，教育就无从谈起。同样，抛却了教育，文化无由存在和发展。

第三节 文化对教育的基本作用与影响

根据文化的定义，教育也是一种文化现象，是整个人类文化的有机组成部分。但教育的双重文化属性(传递和深化文化与构成文化本体)，决定了它在社会文化中具有十分特殊的地位。教育与文化在相互依存、相互制约的过程中，不断地按照各自的运动规律运动、变化和发展。文化对教育产生着深刻的影响：

一、文化影响教育的价值取向

教育的价值取向即教育主体根据自身的需要对教育活动的属性与功能等作出选择时所持的一种倾向。由于教育的属性、功能是多方面的，同一教育活动具有多种价值，因此人们有多向选择的可能；而且不同的主体处于不同的经济地位，有着不同的文化背景、实践经验、认识水平和不同的利益需要、不同的价值观念，其教育活动也有着不同的价值取向。

二、文化影响教育目的的确立

教育到底应培养什么样的人，取决于人们期望用教育来做些什么。在传统教育中，人们期望用教育来维护社会稳定、改造现有的社会制度。相应的教育目的就会突出社会的需求，强调培养社会所需的品质或素质。在现代社会，教育的功利色彩日趋浓厚，人的主体和自我显得更加软弱和渺小。

三、文化影响教育内容的选择

传统教育以社会为本位，关注的是教育能否满足社会的各种需求。选择的教育内容和方法注重的是知识的传授和技能的训练，而非对意义和价值的揭示；关注的是眼前接受知识、掌握技能的效果，而非对内在能力和素质的培育和发展；强调的是对人的占有和改造，而非人的尊严和价值的扩展。而现代教育则更加注重培养什么样的人的问题，现代教育要求培养的人必须能为社会主义服务，是社会主义国家的建设者和接班人，培养出来的人必须具有社会主义建设者和接班人所备的思想、技能、知识等，当然，也包括了对个人情感、态度、价值观等非智力因素的培育与优化。

四、文化影响教育方法的使用。

现代教育在强调教育的社会价值的同时，更强调其个体价值，主张教育的"人性化""个性化"，人成为现代教育关注的重心。在这种价值取向指引下，教育内容和教育方法都有着很大的灵活性，强调从人本身引出知识，并引导去主动建构自己的认识，给予最大限度的自我表现和自我选择。

第四节 教育促进文化发展的基本功能

如果没有教育文化就不可能发展，教育促进文化的延续和发展，表现为教育的文化功能。任何社会的教育总是在一定的文化环境中发生发展的，教育目的、教育内容、教育方法等都是一定社会文化的表现。任何一个国家的教育都体现着该国的文化精神。另一方面，文化总是通过教育的传承作用，促使个体参与文化实践、实现文化创新来保存发展文化的。

一、传递、保存文化

文化保存和传递功能又可以称为文化的传承功能。文化传承是指文化在时间上的延续、空间上的展开和代际间的传接。教育通过教育者和受教育者的共同活动实现文化的传承;教育通过使人类掌握文化传递的手段和工具实现文化的传承。

二、活化文化

活化文化指的是由存储形态的文化转变为现实活跃形态的文化。因此我们可以认为教育可以激活文化。

三、选择文化

教育是有目的、有计划、有系统地培养人的过程。这一过程离不开确定的教育内容。而确定教育内容的过程，实际上就是选择文化的过程。

四、交流、融合文化——因为文化具有地域性

通过教育的交流活动（互派留学生、"孔子学院"）实现文化的交流、融合发展。对不同文化的学习，对文化进行选择、改造，促进文化的丰富和发展。

五、更新与创造文化

教育不仅仅是传递固有的文化，而且要随着时代的发展和社会的变迁，在人类已有的旧文化中力求更新与创新。使之适应新的社会环境。人类为了自身的生存与发展也必须不断地创造与更新文化。而人类正是通过教育，把已有的文化财富内化为受教育者个体的精神财富，培养、造就他们与文化发展相关的个性和创造力，从而使文化得以发展和更新。更新与创造文化主要表现在两方面：教育对文化选择、批判、融合、构建新的文化特质和体系，使文化得到不断更新发展，教育要创造一种新的文化：直接途径（直接生产新的文化）和间接途径（创造性人才的培养）。

第二章 校园文化的基本内容与分类

"文化赋予一切活动以生命和意义，文化的缺乏就意味着生命的贬值和枯萎。"一所学校因为有特色或者说办一所有特色的学校，其核心在于"文化"。特色学校的建构过程就是一种"文化生成、积淀、薄发"的过程。特色学校创建，就是要在全国提高教育质量，面向全体学生的基础上，形成不同于一般学校的独特性、科学性、稳定性、优质性的"文化力"。

学校文化建构是特色学校建设成功的标志，学校文化传承是特色学校建设的条件与基础。文化的多元化、开放性需要特色学校在创建的过程中，去粗取精，吸其精华，去其糟粕，凝练学校在传承历史中蕴藏的核心文化精神、核心价值观，开展一场深刻的文化变革。因此，我们必须对校园文化的基本定义、基本内容有深入理解、正确评价，关注学校文化发展的历史、现实与外围环境，开发一种多主体参与、多维度的立体建构策略，形成一个由精神文化、制度文化和物质文化、行为文化等多层面共同构成、多维度逐步推进，协同发展的文化整体建构体系复合体。让更大范围的学校在多元的社会文化中认真选择、提炼，积淀和丰富独具特色的学校文化底蕴，积极建构学校的特色文化，并最终展示出专属于自己的特色风貌。

第一节　校园文化的概念解读

校园文化是学校所具有特定的精神环境和文化气氛，它包括校园建筑设计、校园景观、绿化美化这种物化形态的内容，也包括学校的传统、校风、学风、人际关系、集体舆论、心理氛围，以及学校的各种规章制度和学校成员在共同学习活动交往中形成的非明文规范的行为准则。健康的校园文化，可以陶冶学生的情操、启迪学生心智，促进学生的全面发展。

校园文化是学校本身形成和发展的物质文化和精神文化的总和。由于学校是教育人、培养人的社区，因而校园文化一般取其精神文化之含义，即学校共同成员在学校发展过程中，逐步形成的包括学校最高目标、价值观、校风、传统习惯、行为规范和规章制度在内的精神总和。

也就是说，校园文化是指学校组织长期以来所形成并信守的精神理念，是组织及其大多数成员共同的行为方式与物化形态。

基于以上的认识，校园文化具有以下的内涵：

1.校园文化是组织文化。

学校是一种正式组织，学校组织不只具有传承和创造文化的功能性价值，它本身就是一种文化的本体性存在。波•达林认为学校组织包含相互依存的五个基本要素：价值、结构、关系、战略、环境。作为组织文化的学校文化必然指向组织的这些基本特性，必然着眼于组织要素的提升完善。这些组织要素是组织存在与发展的根本，也正是在这个意义上，新时期学校文化建设才能够成为与素质教育和课程改革相提并论的学校核心发展力。同时，学校文化在实践层面也成为一种可规划、可选择、可实施、可调控的战略建构。

2.校园文化必须为学校大多数成员共同认可与拥有。

文化的主体是人，文化的本质就是人的本质，文化建设就是人的建设。上述对组织文化内涵的表述，表明了组织文化是一种以人为中心的行为方式，组织文化建设所强调的是要把组织建设成人人具有共同使命感和责任心的组织。组织文化的核心是组织成员共有的价值观，是指导组织和组织成员行为的思维方式。因此只有学校大多数成员共同拥有的信念与行为才能称作"学校"文化。

3.学校文化表现为精神理念支配下学校成员的行为方式。

文化不是虚化的存在，它会通过人们的行为规范、生活习俗、处事方式表现出来。例如，中国文化倡导德性本位，注重人际关系和人伦道德，因此中国人自然形成了"一个好汉三个帮""在家靠父母，出门靠朋友"等传统行为模式，连吃饭都习惯于聚餐式；而西方文化以个性为本位，更看重个人的主体性、能动性，因而西方人的行为模式多特立独行，吃饭也是分餐式。东西方人不同的行为方式本身就是东西方文化的重要表征。所以说，界定学校文化的属性，必须将行为方式作为重要的组成部分。这里所说的学校成员的"行为方式"既包括有形的群体或个体行为如仪式与礼仪、特定的行为习惯、精神面貌等，也包括无形的组织行为如机构设置、制度建设、管理模型等，还包括学校成员的内隐行为即思维方式。进行学校文化建设，办学理念的确立固然至关重要，然而学校文化归根到底是通过学校成员的行为表现出来的，因此行为方式的形成不但是使观念层面的学校文化得以落地生根并承传发扬的主要途径，更重要的是，这种行为方式可以对学校组织的价值观产生"反哺"作用，它本身就是学校文化的重要体现。在某种意义上我们甚至可以说，学校文化建设的重点就是在学校价值观引领下的学校成员行为方式的改进。

4.学校文化也通过学校的物化形态而体现。

这种物化形态包含校园中的视觉形象和听觉形象两个方面，有人甚至将嗅觉也纳入了学校环境建设的范畴。因为学校是育人的场域，学校环境具有特殊的育人功能，所以学校文化比其他组织文化更强调物化形态的建设。

澄清了学校文化的内在属性，我们在实践中才更有可能把握住其本质，才更有可能建设出优质的学校文化。

总之，学校文化是指一所学校经过长期发展积淀而形成共识的一种价值体系，即价值观念、办学思想、群体意识、行为规范等，也是一所学校办学精神与环境氛围的集中体现，校园文化是学校办学历史的积淀与提炼，是一所学校独特个性的独立呈现，彰显着一所学校的精神，引领着一所学校的高品质发展。

第二节 校园文化的基本特征

从校园文化的本质属性来看，校园文化会呈现出不同的特征，从不同的角度归纳，他呈现出的表象特征也不相同，但从系统性、赋能性的角度来看，他具有以下四个特点：

第一，文化因价值认同而各自肩负责任。理想、信念、责任、使命，是人之为人的内在需求，是相对稳定的高阶需求。当学校在这一维度上公约数大，表达清晰且"能量充沛"，人与人的协作就会变得自愿、积极、阳光、效能。这样的组织目标一致，每个人都有不同的专业追求，每个人在自己的责任区都动力十足。

第二，文化因真实可感而让人心有归属。"您心中的理想学校是什么模样？"几百所学校的校长和老师们给出的答案有许多是相同的：我希望学校的老师、学生、所有人都喜欢这里，愿意待在这里。这其实就是学校带给个人的归属感。归属感通过什么渠道实现？很多时候通过"文化的终端呈现"来实现。学校内外，人们随时可以因一个表情、一面墙、一个装置、一堂课，让人感知文化的存在，并且发现我是那么愿意和这些待在一起。

第三，文化以无形力量给人安全感。比如在学校，一个老师要领衔一门特色课程的研发和实施，一方面会困惑这样做"方向对不对"，另一方面又会有单打独斗的孤独。但学校文化系统可以给出清晰的标准，同时推动合作，链接资源，这个事情因此变得容易起来。这就是文化引领、组织跟进的力量，它让人相信挑战变化的风险并不那么大，我们可以相对可控地抵达共同愿景。

第四，文化因尊重个体，而推动社群接纳和包容。学校服务于个性化学习，办适合更多人的教育，其实就是为了尊重和满足个人的发展需求。赋能于每个人的组织，首先要有基于尊重的对话和行动，让每个人都有机会表达自己，每个人都可以有所作为，去发现自己原本是什么样，怎么才能成为更好。

如果从文化的影响功能来看，校园文化又可以概括为以下三个特点：

第一，互动性。校园文化是学校教师与学生共同创造的。这里教师的作用，学校领导的作用是关键。领导者的办学理念、办学意识和行为对师生员工的影响不可低估，对校园文化建设的作用是巨大的。

第二，渗透性。校园文化，像和煦的春风一样，飘散在校园的各个角落，渗透在教师、学生、员工的观念、言行、举止之中，渗透在他们的教学、科研、读书、做事的态度和情感中。

第三，传承性。校风、教风、学风、学术传统、思维方式的形成，不是一代人，而是几代人或数代人自觉不自觉地缔造的，而且代代相传，相沿成习，似乎有一种遗传因子，它传递着文化的同属性。

任何一种校园文化，一经形成之后，必然传承下去，不因时代、社会制度不同而消失，当然会有所损益。然而其精神实质却是永续的，永生的。

第三节 校园文化的基本分类

角度不同，给校园文化的分类也不相同，但不管怎么分类，所诠释出的校园文化的本质是不变的。下面，从不同的角度以三种比较典型的校园文化分类来加以说明。

一、有学者给校园文化分为四类

一是环境文化。这是一种显性的校园文化，是可以直接通过人的视角观察到的文化，如：学校环境、学校标识、教室办公室的个性布置、师生的穿着等。

二是精神文化。这是校园文化的核心，其在引领学校发展、师生成长方面的潜在影响力是巨大的、持久的。如学校的办学理念，校风、教风、学风、导风，学校的规章制度体系（有学者把此项单列），校歌校赋等。

三是活动文化。是指一所学校通过历史积淀和提炼，逐渐形成的富有个性的，具有巨大教育影响力的个性活动，活动文化是推动学校有效发展，促进师生成长的有力载体。

四是课程文化。课程文化是一个体系，是一所学校对课程的独特理解与运用的综合体现，是一所学校软实力的象征，是一所学校综合教育能力内涵发展的体现。

二、也有学者给校园文化分为三类

即物质文化、精神文化、制度文化，其中，物质文化是实现目的的途径和载体，是推进学校文化建设的必要前提；精神文化建设是校园文化建设的核心内容，也是校园文化的最高层次，是校园文化建设的最高追求；校园制度文化作为校园文化的内在机制，是维系学校正常秩序必不可少的保障机制和保障系统。校园文化建设重在为学校树立起完整的文化形象，就像写散文，要求形散神聚，而"形散"，就是指学校的全面外形状态，"神聚"则是指学校的校园文化，即精神内核。

(一)物质文化

在校园文化建设中，益策善能的精神文化是目的，物质文化是实现目的的途径和载体，是推进学校文化建设的必要前提；物质文化建设是校园文化建设的重要组成部分和重要的支撑。校园物质文化，属于校园文化的硬件，是看得见摸得着的东西。校园物质文化的每一个实体，以及各实体之间结构的关系，无不反映了某种教育价值观。

完善的校园设施将为师生员工开展丰富多彩的寓教于文、寓教于乐的教育活动提供重要的阵地，使师生员工教有其所、学有其所、乐有其所，在求知、求美、求乐中受到潜移默化的启迪和教育。完善的设施、合理的布局、各具特色的建筑和场所，将使人心旷神怡、赏心悦目，将有助于陶冶校园人的情操，将塑造校园人的美好心灵，将激发校园人的开拓进取精神，将约束校园人的不良风气和行为，将促进校园人的身心健康发展。

(二)精神文化

校园精神文化建设是校园文化建设的核心内容，也是校园文化的最高层次。它主要包括校园历史传统和被全体师生员工认同的共同文化观念、价值观念、生活观念等意识形态，是一个学校本质、个性、精神面貌的集中反映。校园精神文化又被称为"学校精神"，并具体体现在校风、教风、学风、班风和学校人际关系上。

1.校风建设。校风建设实际上就是校园精神的塑造，校风作为构成教育环境的独特的因素，体现着一个学校的精神风貌。在校风体现形式上，校风主要表现在校训、校歌、校徽和校旗上。好的校风具有深刻"强制性"的感染力，使不符合环境气氛要求的心理和行为时刻感受到一种无形的压力，使每一位校园人的集体感受日趋巩固和扩展，形成集体成员心理特性最协调的心理相容状态；好的校风具有对学校成员内在动力的激发作用，催人奋进；好的校风对学校成员的心理发展具有保护作用，对不良的心理倾向和行为具有强大的抵御力量，有效地排除各种不良心理和行为的侵蚀和干扰。

2. 教风建设。教风是教师在长期教育实践活动中形成的教育教学的特点、作风和风格，是教师道德品质、文化知识水平、教育理论、技能等素质的综合表现。要抓好校风建设首先必须抓好教风建设（包括工作作风建设），因为学校是育人的场所，是人才的摇篮，而教师是人才的培养者，理应在"三育人"（即管理育人、教书育人、服务育人）的过程中发挥主力军的作用，只有在干部职工中树立起实事求是、艰苦奋斗、勤政廉政、团结协作、高效严谨、服务周到、细心耐心的工作作风和在教师中树立起为人师表、教书育人、治学严谨、认真负责、耐心细致、开拓进取的教风，才能引导和促进勤奋学习、积极向上、严谨求实、尊师重教、遵纪守法、举止文明的优良学风的形成。总之，没有良好的工作作风和教风就难以形成良好的学风。

3. 学风建设。学风是指学生集体在学习过程中表现出来的治学态度和方法，是学生在长期学习过程中形成的学习习惯、生活习惯、卫生习惯、行为习惯等方面的表现。优良学风像校风、教风一样，对学校教育教学质量的提高，对学生人格品质的发展和完善，对培养学生成为德、智、体、美、劳全面发展的接班人，都有重要意义。

4. 学校人际关系建设。学校人际关系包括学校领导之间的关系、学校领导与教职工之间的关系、教师之间的关系、教师与学生之间的关系、学生与学生之间的关系。良好的学校人际关系有助于广大师生员工达到密切合作，形成一个团结统一的集体，更好地发挥整体效应。

(三)制度文化

校园制度文化作为校园文化的内在机制，包括学校的传统、仪式和规章制度，是维系学校正常秩序必不可少的保障机制，是校园文化建设的保障系统。"没有规矩，不成方圆"，只有建立起完整的规章制度、规范了师生的行为，才有可能建立起良好的校风，才能保证校园各方面工作和活动的开展与落实。但仅有完整的规章制度是远远不够的，还必须有负责将各项规章制度予以执行和落实的组织机构和队伍，因此，还必须加强相应的组织机构建设和队伍建设。也就是说，制度文化建设实际上包括制度建设、组织机构建设和队伍建设三个方面，组织机构建设和队伍建设是确保制度建设落到实处，并使其真正起到规范校园人言行的关键环节，校园文化组织机构的健全和完善，校园文化队伍的勤奋与能干，对正常开展校园文化活动，加强校园文化建设，具有十分重要的、决定性的作用。

三、如果以学校文化的呈现形态进行分类，校园文化还可以分为显性文化与隐性文化两部分

第一，显性文化。显性文化就是学校外显型的文化，是指直接具有观感效果的文化形态。如校园场地布置、校园活动仪式等。

1.校园建筑。学生在不会"说话"的校园建筑里学习、活动，校园建筑的外形、色彩、装饰等都蕴含有其独特的个性特征，它能够说话，它能够育人，能与师生互动交流，具有育人的潜在功能。

校园的一草一木、一山一水、一桥一亭、一廊一室都是基于校园文化的内核彰显而设计的，师生在这些场景中，会有一种自我沐浴美丽独特环境文化的深刻感触，会自觉产生一种学习、成长、发展的冲动。

2.校园仪式。如升旗、入团(队)宣誓、运动会入场、教学成果颁奖等学校仪式，是学校教育的一个组成部分，同时也蕴涵着十分丰富的教育激励价值，体现出校园文化建设的内涵要求。

3.校园活动。独特的校园活动也是校园显性文化的一个组成部分。活动育人，实质就是活动文化育人，它的育人效果明显，具有特质。

第二，隐性文化。隐性文化包括校风、班风、人际关系等。

1.人际关系环境。学校是师生发展成长的场所，是师生精神成长的摇篮。学校中的人际关系，会影响每一位师生的成长与发展。

建立友爱、信赖、关心、负责、和谐的校园人际关系，就是学校精神在学校师生全体中的一种内化运动与呈现，在内化与运动中达到育人的功能。

2.教风学风等，都是隐性文化的组成部分。

第四节 校园文化的作用与价值功能

校园文化是常新的，是能够保持永恒魅力的，是能够洗涤师生心灵的。

一、校园文化是一种氛围、一种精神

校园文化是学校发展的灵魂，是凝聚人心、展示学校形象、提高学校文明程度的重要体现。校园文化对师生的人生观、价值观产生着潜移默化的深远响，而这种影响往往是任何说教所不能及的，是精神洗礼层面的。健康、向上、丰富多彩、个性独特的校园文化对师生的品性形成具有渗透性、持久性和催生性作用。对于提高师生的人文道德素养，拓宽师生的视野，建立独具特色的校园精神境界具有深远的意义。

二、校园文化建设可以极大提升学校的文化品位

古人云："近朱者赤，近墨者黑。"学校的校容校貌，表现出一个学校整体精神的价值取向，是具有引导功能的教育资源。校园文化作为一种环境教育力量，对学生的健康成长有着巨大的影响。校园文化建设的终极目标就在于创建一种氛围，以陶冶学生的情操，构筑健康的人

格，全面提高学生素质。

三、校园文化是一所学校综合实力的反映

校园文化建设包括学校物质文化建设、精神文化建设和制度文化建设等各个方面，这些建设的全面、协调的发展，将为学校树立起完整的文化形象。校园文化是一所学校综合实力的反映，校园文化的核心竞争力主要表现在文化的凝聚力和创造力，优秀的校园文化能赋予师生独立的人格、独立的精神，激励师生不断反思、不断超越。所以，校园文化建设是学校发展的重要保证。

第三章 加强校园文化建设与立德树人的重大意义

立德树人是教育的根本任务，教育的功能在于培养个性而全面发展的人，人才培养是育人和育才相统一的过程。人的成长离不开文化的浸润，立德树人教育要从优秀传统文化中汲取养分。道德是精神文化的重要内容，具有鲜明的历史与现实意义。中华民族创造了光辉灿烂的文化，道德文化属于其中的瑰宝，不仅是我国社会主义精神文明的源头，也是我们学校教育中落实立德树人根本任务的文化源泉。

第一节 人文精神与核心价值观

一、人是文化的载体

"人是万物的尺度"，只有与人的生存和发展紧密相依的东西才具有长久的价值和生命力。文化并不简单地说是意识观念和思想方法问题，"文化价值的主要功能在于表达心灵境界和精神价值的追求，反映生命本质特性和走向未来之境的可能性。文化之根系于人，而文化目的则是为了人和人自身的价值重建"。人和文化相互依存，相互作用，相互规定。人是文化的存在，人区别于动物的一个本质特征在于人有文化，离开文化就无所谓人。同时，文化是人的文化，文化在于以文化人，文化依赖于人，由人来规定，离开了人，也就无所谓文化。"我们必须把个体理解为生活于他的文化中的个体，把文化理解为由个体赋予其生命的文化。"这是人和文化之间本身所固有的辩证相关性。

首先，人的未完成性决定了其后天的文化性。人从出生那一刻起就开始了不断成长和形成自身的历程。人的形成过程既是一个人超出动物、优越于动物的过程，同时也是一个在许多方面走向不如动物、退化的过程。在此过程中，无论从哪个方面，人的存在都具有不完备性：奔跑能力不如动物，攀缘能力不如动物，不能像鸟儿一样在天空飞翔。和动物相比，人在与周围环境的斗争能力方面明显退化。尤其是较之动物，人还具有先天的各种需要及无限的欲望，这些都决定了人一直是个未完成的存在。但也正是因为如此，人需要不断地对自身进行完善和提升，唯其如此，才能更好地生存和发展，而这也是文化不断发展更新的源泉之所在。生活在文化之中的人，用文化武装自己，以此应对生命过程中遭遇的各种生存困境，免除自身精神的解构和崩溃。穿越历史的隧道，人从远古走出，经过几千年的繁衍生息，自觉不自觉地创造着文化与文明的成果，以补偿自身在自然本能方面的未完成化。人就是在文化中不断地完备自身，锻炼了思维，提高了智慧，增强了力量。可见人的未完成性既是文化的发生过程，也是人的主体性形成过程。"文化的发生同主体性的发生是同步的，文化的出现和发展也就是作为主体的人的出现和发展。""正是借助于文化，人摆脱了那种动物式的完全受纯粹自然的或本能的力量所支配的自在状态，成为开放的、面向未来的人，成为不断进行自我创造、自我提升、自我超越、自我圆满的人，也就是自由地存在与发展的人。"人与动物的最大区别在于人是通过文化创造的方式与途径使动物的东西变成人的东西，从而实现其文化的本质。也就是说，人只有在创造文化的活动中才能成为人。

其次，人的生命实践过程就是获得文化的过程。马克思认为，人通过实践创造对象世界，改造无机界，证明自己是有意识的类存在物。在人的全部活动中，实践是人的最本质方面，是人类文化的最终基础和源泉。而人的实践意识的产生又根源于人的超越意识。人之所以能够从芸芸众生的自然中超越出来，并不是因为人是上帝的选民，而是因为人是一种双重性存在，即作为自在之物的自然存在和作为自由主体的超越性存在，因此人的存在既有适应性又有超越性。适应性是为了保存和维持人的物理性或生物性的存在。超越性则在于创造价值并完成人之为人的使命，因而具有自我实现的意味。"我们透过世界才能认识到自己是有躯体、活生生的存在，没有肉躯的话，也不会有人的存在本身。人类身体受这个自在的限制，在其中活动，我们不仅体验到这种肉体之躯是自己的一部分，并且感到自我与此躯体是一而二、二而一的。然而我们如果把自身只当作从物质与生命演化而来的自然存在物，那么我们就丧失了对自我的意识。因为当我们把自我视为与自己的躯体等同之时，实际上我们便仍未成为一个完整的自我。"人的超越性存在以及与此相适应的自我实现诉求决定着人类存在的本体论意义。人的实践活动怎样，就形成怎样的文化世界。个体所属的文化提供了构成他生活的原始材料，每一个男女的每一种个人兴趣都是由其所处的文化的丰厚的传统积淀所培养的。人的文化必然包含着人类性，它是人类精神的自我确证。

二、价值观是文化的核心

文化的命运就是人的命运，随着文化的变迁与演进，人的命运也相应地发生变化，主要表现为人的生存方式的演变。人的生存方式包括人的生活观念和行为方式，其中生活观念的核心是文化价值观。文化价值观是人们对世界所持的思想观念以及为人处事、判断是非的标准，是人行为方式的准则和尺度。人们在社会活动和日常生活中有着各种不同的对于具体事物的价值观点，但最终都可以归结到这个根本的文化价值观上来。文化价值观是一个社会群体中持久的、稳定的、定型化观念。可以说，文化价值观是具体观点的最高统帅和最后依据。实践和生活中的具体价值观可以随时间、环境、条件的变化而变化，但文化价值观基本上是稳定的，它是一种习惯性观念，是一种习以为常的观念，沉淀在民族心理和人们的头脑中代代相传、陈陈相因，形成传统的观念定势。处于相同文化境遇中的群体，其文化价值观具有相对的一致性和共通性。相反，不同民族的文化则存在着不同的文化价值观。正是这些不同的文化价值观，从不同向度、取向将各种文化区分开来，才形成了千姿百态、异趣横生、逻辑迥异的多种文化现象，也正是这些不同的文化价值观导致不同文化对于道德的不同认识。尽管大多数情况下，人们常常意识不到文化价值观的存在，但是，从根本上说，文化价值观时刻引领人们的所思所想、所作所为。人们常常自然而然地运用价值观这个标准从道德上判断自我和他人，把自己与别人进行比较，也常常毫不自觉地按照所笃信的文化价值观为人处事。

文化价值观直接规约着道德价值观。文化价值观不同，道德价值观也不同。与此相应的，关于是非判断的标准也就不同。这些判断是非的标准，即道德价值观，规定和引导着人们的活动方向，把人的思想和行为引向特定的格局和方向。人们都带着某种"价值之镜"来确定、审视和考察所遇到的道德问题。从个体角度看，每个人面对道德冲突都会以自己的价值观、兴趣以及愿望等文化前见，选择某个自认为正确的路径加以解决。尽管表面看来每个人都有自己的道德判断标准，都有着自己的意见和道德主张，但是这些标准、意见和主张都不是随心所欲、完全是个人意见，而是同一时代或同一文化传统下的人们所共同关注的问题。任何选择都是站在社会文化和历史之内而不是站在社会文化和历史之外做出的。从这个意义上说，是道德主体所处的时代、社会及文化背景向他提出的某种要求和责任，使其道德选择和道德行为更多地包含着深刻的社会历史性和文化制约性，这就为道德问题深深地打上了文化的印记，并引导着人们道德行为的价值取向。人们在做什么，如何做，以及怎样做的目的和目标，皆是由文化决定，具体来讲，是由群体文化价值观而非个人或群体的自由意志所决定。换个角度看，正是文化满足了人类的价值需要，因而被人的心理机制内化为意识，并在实践活动中发展为一定的文化心理和道德价值理念，进而左右着人类的思维方式和行动方向。

三、文化的历史性与现实意义

无论从广义上将文化理解为物质产品与精神产品的总和，还是狭义上将文化理解为纯粹的精神活动成果，一般意义上对文化的理解大多是从静态的维度思考文化的特点，将文化看作名词。这种理解不无道理，但是文化不是静止不动的，而是具有一定的历史性，不断地演进和变迁。文化人类学家冯·皮尔森在《文化战略》一书中指出："'文化'这个术语与其说是名词，不如说是动词……文化一方面是传统，即所有物和规则的传递，然而这种传统包含在人的活动的变化之中，包含在现存文化形式所体现的无数变化和发展的可能性之中。"

皮尔森注意到了文化的动态性和历史性，认为文化具有不断运动变化的特征，而不是静止不动的。文化的这种动态性源于社会的不断发展。"从来没有全然静止的社会，文化与社会之间的平衡也不能长久地保持不变。更为经常的乃是或大或小的变化、冲突和紧张，是平衡不断被打破和持续地努力以达到新一轮平衡的无休止过程。"在此过程之中，文化与社会都在发生着相对的变化。有学者意识到："文化并非一成不变的化石，而是在变动之中。"这种对文化的解释带给我们新的视角，文化是一种鲜活的存在，是动态发展的，具有一定的经验连续性。

文化是永远说不尽的话题，因为其内涵与外延的丰富性，我们不可能穷尽所有关于文化的理解以及文化所具有的特点，只能选择与本书联系最为紧密的相关内容，扼要地予以阐释、说明。这种对文化的界定与理解有助于我们准确地把握道德教育与文化之间深刻的关联，从而更有效地把握当代道德教育所肩负的文化使命。

第二节 立德树人教育要素中的文化意蕴

如果从词源学上考证，道德教育与文化之间一直存在天然而紧密的联系，可谓同根同源。罗马思想家西塞罗（W.T.Cicerro）将"文化"一词的拉丁文本义"耕耘"或"掘种土地"，演化、引申为耕耘智慧（Cultura mentis），具有改造、完善人心，使人具有理想公民素质之义。"教育学"（Pedagogy）一词来自希腊语，意思是"引导孩子"，源于pais（孩子）ago（引导）。过去的教育即道德教育。18世纪法国学者沃弗纳格（Vauvenargues）和伏尔泰（Voltaire）所用"文化"，系指训练和修炼心智的状态和结果，用以描述受过教育之人的实际成就——教育之所得，"德者，得也"。在德国学者赫尔德（Herder）看来，"文化乃是一个社会向善论的概念，它意味着人的完善"。

由此可知，文化与道德教育从来就有着密不可分的联系，都具有完善人心、陶冶人性的功能。因为无论文化还是道德教育的产生和存在，归根结底都是为了人更好、更完善地生存。道德教育的各个要素都具有文化性格。

一、道德教育目的的文化性

谈及教育目的，一个比较普遍的提法是将其理解为把一个自然人培养成一个社会人。道德教育的最终目标是培养人的德性，也就是培养人得以在社会上安身立命的理想人格。事实上，人的社会性需要是在人类进化过程中自然而然地形成，也就是说，人的社会性需要和自然天性的需求是一致的。道德作为人的一种社会性需要，发挥着类似自然天性的功能，通过对人的熏陶与规约达致人类社会的和谐与安稳。这一点在中国文化中显得格外突出。中国文化是一种伦理型文化，中国文化的价值取向是追求完美人格。因此，中国教育历来强调德育为先，"己欲立则立人""己欲达则达人"，以"修身、齐家、治国、平天下"作为教育的首要目的。这种伦理文化造就的生存方式使得个人与社会及教育之间建立起了紧密的关联。从某种意义上说，文化与社会是手心手背的关系，两者在一定程度上都可以用来指称人类的生活样式本身。因而，我们也可以说，文化作为生活样式、生活范型从更上位的、更宽广的、更基础的层面上对道德、道德教育具有引领、规约和协调作用，对人进行着无所不在的熏陶与塑造。不同文化及其文化精神深刻地影响着道德教育目的，使得道德教育目的体现着鲜明的文化特色。

首先，不同文化对人设计的千差万别。尽管道德教育在塑造适合社会生活的个体人方面具有共同的功能和指向，不同文化模式对人的设计却迥然不同。文化不同，对于人的设计有着泾渭分明的取向。就不同文化对"人"的不同设计，孙隆基先生指出，中国人认为"人"是只有在社会关系中才能体现的——他是所有社会角色的总和，如果将这些社会关系都抽空了，"人"就被蒸发掉了。因此，中国人不倾向于认为在一些具体的人际关系背后，还有一个抽象的"人格"。中国文化都是通过外在于自己的角色，通过与他人的关系中确认个体的存在。"孤零零的'个人'——亦即是不受人伦与集体关系'定义'的个体"，无疑"就变成了很难设想之事物，或很容易被当作是一个'不道德的主体'"。西方文化对人的设计则表现为对个体自我脱离所有社会角色的独立追求。"存在主义认为，一个人只有在从所有的社会角色中撤出，并且以'自我'作为一个基地，对这些外烁的角色做出内省式的再思考时，他的'存在'才开始浮现。如果他缺乏这一过程，那么他就成为一个没有自己面目的'无名人'。"显然，由于中西文化行进路向迥然有异，相应地，中西文化对"人"的设计也截然不同。文化作为一种抽象的理论术语，固然是从日常生活中提炼抽象出来，但它显然更与我们的生活息息相关，是鲜活的生活方式，更是流淌在我们日常生活世界中的价值意义系统。一个人能否在一方水土上生活，能否被其所在地域上的人们所认可和接纳，被当作自己人那样地生活，全在于文化的潜移默化。也就是说，正是文化决定了人的独特形象。人类总是生活在他们设定的世界之中。教育作为一种独特的人类活动，更是被所在的文化所编织的意义之网所支撑。不同的文化群体依据其固守的信仰、好恶、情感乃至偏见，创造出一套特有的用以表达意义并解决现实问题的系统，必然会产生不同的教育目的，即教育所要和所能培养的人，只能是它所在的当地当时的人群所认可的人。换言之，基于不同"人"的设计，教育目的也殊为不同。

其次，不同国家的道德教育目的具有不同的文化特色。例如，澳大利亚的课程目标是发展每个孩子的智力、社会、情感和身体方面的能力，培养孩子对社会风俗、结构和习惯的理解力，促进孩子的道德和精神的成长。印度则指出，教育应通过社会、道德、审美和精神方面的发展加强个人对自我的理解，对与自然、人类、现实主义、平等和社会公正之间关系的理解也是同样重要的。日本1998年对"学习课程"进行了修订，文部省宣布道德教育的目的是恢复对人类尊严的新生风气，对家庭、学校和其他各种社会组织生活的关心和崇敬感情，一个社会和国家一起努力创造和发展丰富独特的文化，培养独立的人，使他能在道德基础上为推进和平的国际社会而做出贡献。韩国从20世纪50年代中期开始，道德教育课本被教育部修订了六次，其中有关的人文、道德和文化价值观可以分为四种：①基于个人的价值观，如仁慈、勤奋和意愿；②基于家庭的价值观，如子女义务、兄弟情谊和对祖先的感恩；③基于邻里和社区的价值观，如友谊、礼貌和合作；④基于社会和国家的价值观，如社会秩序、公正和爱国主义。泰国政府官方宣布了国家的五个基本伦理价值，具体包括：自足、勤奋和负责；明智的消费和节俭观；秩序和服从法律；听从宗教教诲；热爱祖国、宗教和国王。

德意志民族是一个传统与文化积累较为厚重的民族，其道德教育目的的精神含量较高，德国人认为"虔敬上帝，尊重人的尊严，唤起肩负社会使命的准备"是道德教育的目的。美国是一个移民国家，实用主义盛行，道德教育目的更多具有实用主义色彩，往往强调培养学生的民主精神，敢于开拓，以做美国人为自豪等品质。这些道德教育目的的区别很大程度上缘于文化的差别。

二、道德教育主体的文化性

这里所指的道德教育主体，既包括学生，也包括教师。无论学生还是教师，作为人，他首先都是一种文化存在。"文化对每一个人塑造的力量很大。平常我们不太能看出这塑造过程的全部力量，因为它发生在每个人身上，逐渐缓慢地发生。它带给人满足，同样也带给人痛苦，人除了顺着它走以外，别无选择。因此这个塑造过程便很自然，毫无理由地被人接受"。对于道德教育主体而言，无论学生还是教师，都处于某种特定的文化之中，必然要接受特定文化的陶冶与塑造，因而不可避免地具有特定的文化性。"文化的本质是它的人性内涵，文化的社会性应是人性本质的展现与发挥。"怀特认为，人类行为是由两种独立和不同的因素构成的，一种是生物因素，另一种是文化因素。从行为连续性的观点看，任何一件事都取决于初生儿被导入的文化类型。如果婴儿在一种文化环境中诞生，他将按一种方式思维、感觉或行动；如果他生在另一种文化环境中，他的行迹也将相应地有所不同。人总是离不开文化，离不开有意义的文化世界。文化提供了物质与符号工具。文化使人类适应生态环境与社会环境，具有一定的自觉性。人类原始价值意识的发生发展与文化世界的创造积累是交互作用的，人对外部世界进行价值思维肯定，也在这种肯定中把自己变为意识到的价值存在者，人创造了有意义的文化世界，同时也创造了自己的本质。人的道德本性是在文化长期而持续的发展中出现的，同时人的道德本性对文化起着创造发展的作用。"文化的创造积累构成一个人有意义的文化世界之后，人的灵明之心、道德本性、价值意识发生与建构的现实性全部来源于有意义的文化世界。"概言之，人类的道德是一个内在价值、意义体验和建构获得的过程，必然具有文化属性。

人的道德是一个主动建构的过程，并通过文化影响来实现。"不同文化传统、社会背景、生活经历，都会使个体心理呈现不同色彩。"因而形成不同的道德品性，每种道德品性只能由生活于其中的文化来解释，这就使每一种文化背景下的道德品性深深打上文化的烙印。每一个体的自我意识实际上正是本民族文化自我意识的反映。"那些看来只存在于历史深处的、处于符号和象征层面的文化传统，实际上与我们每一个现实的、活生生的、有血有肉的'自我'是紧密联系在一起的。"同样地，我们所说的民族的"文化自我意识"，也是在现实个人文化自我意识的建构过程中逐步得以落实的，同时也只有借助现实个人的自我意识，民族的"文化自我意识"才能现实地表现出来。"凡人都在体验着生活，都在遭遇和命运中感领着世界的馈赠。任何自我经验都是在某种特定的文化情境中获得，这种自我经验根据具体的目的和动机在界定文化情境的价值和意义时产生，是在瞬息万变的生活巨流中感觉到的。"在这个意义上，道德教育实际上是模塑人的道德文化生命的过程。卡西尔认为，在人类世界中"除了在一切动物种属中都可看到的感受器系统和效应器系统以外，在人那里还可发现称之为符号系统的第三环节，它存在于这两个系统之间。这个新的获得物改变了整个的人类生活"，由于具备这个特殊条件，"人不再生活在一个单纯的物理宇宙之中，而是生活在一个符号宇宙之中"。个人置身其中的生活世界就是一个以符号为表征的文化世界。人们之间的思想交流，文化环境与人之间的互动，就是通过各种文化符号所传递的信息进行的，文化建构道德理性的过程，就是人通过社会活动不断接受文化环境所发出的各种道德信息的过程。个人浸淫于这样的文化世界之中，通过对这个"巨大文本"不断地解读、认知和认同、反思与创造活动，获得一种表现其真实人性的独特方式，不断地以此滋养生命，最终融入个体的血脉和精神，内化为人的心性品质，从而形成独立的道德个性。任何生命都是独特的，而在一个缺失了道德文化风格的教育氛围中要凝聚这种独特的生命几乎是不可想象的。因此，人不仅是生物遗传的产物，更主要的是文化的产品。个人在日常生活世界成长，连续不断地受到来自家庭和学校的有意识的教育和影响，他自己在生活中的各种遭遇、体验以及和环境接触的不同经历都使得他获得了文化。在这个意义上，可以说是文化创造了个人，文化使人成为人。与此同时，人也通过自己存在的活动不断使文化完善。正因如此，文化与人的发展始终相互依托，紧密结合，人通过自身的创造性实践不断丰富文化内容；反过来，文化的不断发展与熏陶使得人愈来愈多地获得自由的成长和发展。

三、道德教育内容的文化性

每一个民族在独特的生存环境中都养成了独特的精神气质和特有的文化观念，我们可以称之为文化精神。古代希腊人的"逻各斯"、中国人的"仁爱"都是民族特有的文化精神。国学大师钱穆认为："西方文化的最高精神是外倾的宗教精神，中国文化的最高精神是内倾的道德精神。"西方人从古到今全部哲学及整个科学知识、理论观念无不沿着"逻各斯"的文化观念发展，或者说背后隐藏着一个"逻各斯"的精神法则。同样，中国人的文化精神从古到今无不贯彻"仁爱"精神，从"明明德""格物致知"到"诚意、正心、修身、齐家、治国、平天下"，从爱物、爱人到爱国家、天下，都是如此。一种文化的价值和意义一旦被创造出来，就会对道德教育的内容产生影响。儒家文化强调修身、齐家、治国、平天下，追求"内圣外王"的理想道德人格，相应的道德教育内容也以此为旨归。《论语》中的"志于道，据于德，依于仁，游于艺"（《论语·述而》）明确指出，道德重于智识。儒家文化的代表人物孔子以"文、行、忠、信"作为道德教育思想内容的四端。所谓文，指的是典籍辞义，是道德的文化基础与前提；行指道德品行；忠指忠诚尽力；信指信实不欺，信守如一。这四端是孔子对学生施德教育提出的道德行为规范，实质性内容是"仁"的思想。所谓"仁"者，人也。"人"字旁一个"二"字，就是说只有在二人的对应关系中，才能对任何一方下定义。这类"二人"的对应关系包括君臣、父子、夫妇、兄弟、朋友。也就是说，中国儒家文化指引下的道德教育内容更多是考虑如何通过道德规范达到人与人之间的和谐。而西方文化特别是希腊文化以强调理性的"逻各斯"精神作为核心文化精神，在道德教育内容上更多地强调个体的理智感。亚里士多德在《尼各马可伦理学》中探讨更多的是明智、公正、德性等富于个性色彩的道德教育范畴。西方道德教育内容在特有的文化精神中表现出的是对个体自身修养的锤炼。"美国人崇尚自由、注重个性发展的文化风格，决定了美国学校道德教育十分重视学生道德判断和选择能力的培养，强调以启发自我觉悟的道德教育方法，突出培养学生的个性。而英国特有的绅士文化，使得学校教育处处把培养有'德行、智慧、礼仪和学问'的绅士品行作为教育的出发点。"

由此可见，一种文化精神一旦形成，道德教育内容也相应围绕这种独特的文化精神进行选择与提炼。道德教育内容包括道德常识和道德价值观。无论道德常识还是道德价值观，都源于文化，具有深厚的文化特性。

首先，道德常识具有文化性。所谓常识，是一个由约定俗成或规则等源自日常生活自在的文化因素的朴素的经验、习俗、习惯等。它往往通过家庭、学校、社会示范等方式潜移默化地融进每个人生活的血脉中。人的道德判断常常直接从这些道德常识中吸取价值和意义。与知识理性或科学理性判断不同，伦理判断或道德判断，是按照事情应然的方式进行的，而不是按照实然的方式思考的。换句话说，这种判断常常无须思考，完全出自一种约定俗成的经验与感觉，家风、习俗、礼教等都是如此。至于它有什么道理，是否值得这样做，那是用不着思考的。作为人的文化基因，道德常识顽固地、然而常常是自在自发地左右着人的行为。一个生活在礼俗社会文化环境中的人，他每天接受这些文化的价值和意义，是用不着思考的，或者说他按照这些文化所建构起来的价值意识是没有经过价值反思的，是直接的或直觉的，是感性的、非逻辑性的。由于这种文化价值意识不是经过严格的文化训练建构起来的，而是潜移默化自然形成的，因此，它具有天然的秩序和结构法则，而且对于礼俗文化来说，具有一定的"天然"合理性。它是人类价值意识走向理性和逻辑性的天然起点。礼俗社会甚至现代社会很多人的道德观念都是基于道德常识的判断。它构成不同社会团体、家庭、氏族、民族、教派、党派、阶级活动的特殊文化背景。不管人的心理构成的天然因素是什么，现代社会群体的礼俗文化背景却使它能够得到特殊的满足，产生特殊的价值意识，并且为价值意识的天然倾向和结构秩序提供特殊的安排。因此，我们在研究礼俗社会和现代社会人们的道德问题时，仍然不得不从习惯、传统一类文化背景中去寻找原因。人们在进行道德选择和道德行为时也受到其时态常识的制约。可以说常识是个体生活与社会文化传统的中介，人们每天生活在社会之中，这使常识有可能涉入个体的心理生活，从而人与人之间能够形成心灵活动朴素而又直观的理解和沟通。常识指引或指导着日常民众的生活，实现着生活的绵延传承。常识是在某一特定的文化中表现出来的心理生活，是不能用另一种文化来解释的。不同文化传统产生不同的常识。特定的常识只有在特定的文化传统背景中才能得到很好地理解。脱离特定文化背景，是无法理解人们内心世界的。人们在日常生活中判断、解释和理解生活的依据是不一样的，彰显出了彼此之间文化色彩和民族个性的巨大不同。离开文化环境或民族环境，常识也就失去了其存在的意义和价值。

其次，道德价值观具有文化性。如果说道德常识源于日复一日、潜移默化的文化生活，那么，价值观念是特定文化对于人的道德要求的更高形式。道德教育不仅要使人知道价值和意义"应该是什么"，还要知道"是什么"，即进行科学的、逻辑的判断和选择，是理性的思考和抽象的概括，因而具有一定的自觉性。它往往通过教育、理论、系统化的道德规范，有意树立社会典范等自觉、有意识、有目的地引导和左右着人们的行为。"文化作为一个有价值和意义的系统，较之自然界是需要给予特别理解和了悟的世界。无论什么文化，你不理解它，了悟它，就不能真正认识它的价值和意义，当然也就不能享受它的价值和意义。"文化并不是一个我们单纯去吸取的东西，文化是习得的。在人类学中，这一习得的过程被认为是文化移入或文化适应。在心理学中，这一过程被描述为条件作用。社会学家倾向于用社会化这一术语来描述这一过程。我们正是通过社会化过程而变成社会的或文化的人。社会学家安东尼·吉登斯把社会化描述为这样一个过程，即无助的小孩通过与他人的接触，而逐渐成为一个有自觉意识、有见识的人，并在特定的文化及环境中应对自如。"人类价值意识的建构是一个极为复杂的问题，它是整个宇宙体系演化的一个组成部分，其中既有物理世界状态的发展，又有人类生命进化的自然过程。但是，作为人的意识，或者意识到的思维形式，它乃是有意义的文化世界赋予的。""人们在做什么，如何做，以及这样做的目的和目标，皆是由文化决定的，是由群体文化而非个人或群体的自由意志决定的。此外，个人或群体的愿望亦是由文化决定，或至少是由文化制约的，并不是由人自身使然。构成任何民族'美好生活'的事物，也总是从文化上限定的。"换个角度看，正是文化满足了人类的价值需要，因而被人的心理机制内化为意识，并在实践活动中发展为一定的文化心理和价值理念，进而左右着人类的思维方式和行动方向。

四、道德教育方法的文化性

道德教育方法具有一定的文化性，不同的文化会选择不同的道德教育方法。

(一)不同文化的道德教育方法不同

道德教育方法具有文化性，处于不同文化之中的道德教育常常会选择截然不同的道德教育方法。从历史上看，古希腊城邦社会，文化崇尚自由、民主，因而，道德教育的方法以苏格拉底的产婆术为代表，主张通过启发、诱导的方法帮助和教育公民，使其自己领悟道理；而中世纪时期宗教文化占主导地位，其提倡的原罪说认为人生而带有原罪，只有通过去除固有的原罪，才能真正返回天国。这种文化诉求使得道德教育常常采用灌输、训诫，甚至鞭笞的方法来达到教育的目的。当代社会也是如此，不同国家由于其文化的不同，采用的道德教育方法迥然有异。中国学校德育常用的方法有说服教育、情感陶冶、实际锻炼、榜样示范、修养指导等，西方学校则推崇道德讨论、案例研究、角色扮演等。

日本社会是一个事实上的等级社会，强调团队精神，因而其学校道德教育十分重视"和"的道德文化，缺乏对个性培养的足够重视。法国的启蒙运动倡导民主、自由和人权，但法国大革命后最终建立起的集权制政体使得法国学校的道德教育方法具有两重性，一方面，反对学校宗教化，以民主平等的方法培养自由公民；另一方面，大力使用灌输的道德教育方法，试图培养学生的国家观念和传统意识。

(二)道德教育方法随文化的演变而变化

自中世纪以来，一直存在一种观点认为，成人比孩子、老师比学生掌握更多的道德真理，因此道德教育往往采用单向度的灌输方法。据戚万学先生考证，"灌输"一词系舶来品。在中国古代典籍中，未见有"灌""输"联用的例证。在西方，"灌输"一词可谓源远流长。英文中，有两个词可以移译为"灌输"："inculcate"和"indoctrinate"。根据1989年版《牛津英语词典》的解释，"inculcate"源于拉丁文"inculcat"，意谓"用脚后跟踩进、塞进、压进、印进"，指通过强式劝告或重复把一个事情强制地压印到另一个人的头脑中去，特别是指强迫性地教授一个原则、一种观点或一种信念。

在教育领域，灌输并不限于学校的道德教育，但由于它一开始就主要指"学说、信念和价值"的教授，因而与道德教育、品格教育、道德价值教育等有着更为密切的联系。道德教育意义上的灌输主要指在教学中，把某一种观点强加给儿童而排斥其他与之相反的观点，或在教授某种特殊的学说或信念时，学习者没有机会对这种学说和信念进行批评性思考，或没有机会把这些信念和学说与其他信念和学说进行比较。

这种灌输式的道德教育方法在历史上持续很多年，直到启蒙运动之后，人的主体性得到充分尊重，对教育领域无疑产生了巨大的冲击，原来看似天经地义的观念终于动摇。人们逐渐意识到青少年本身是一个独立存在的文化个体，有着自己独到的对于世界和人生的体验和理解，道德教育在向孩子和学生传递正向价值的时候，应当同时承认他们有质疑这种教育的权利。柯尔伯格注意到儿童的道德发展的阶段性，强调道德认知的方法；晚近的价值澄清学派曾认为，没有普遍的价值观存在，道德教育应当通过价值澄清的方法帮助儿童明确自己的价值观。我们认为，无论柯尔伯格的道德认知理论还是价值澄清学派的价值澄清方法，都是西方文艺复兴以后主体性张扬的文化精神的产物。

丹尼尔·贝尔认为："文化本身是为人类生命过程提供解释系统，帮助他们对付生存困境的一种努力。"也就是说，文化是人对自身生存状态的一种解释，文化的产生是为了人们能度过生存困境，达至理想的生活状态。道德教育作为一种高层次的文化教育，其深厚的文化底蕴也就在于帮助和引导人们建构超越于世俗之上的崇高而神圣的意义世界，从而造就有"教养"的、有独立道德思维能力的真正意义上的人。在这个意义上，道德教育具有深刻的文化性格，与人的整个生存相关。这种教育引导人明确生活的意义、生命的意义，体现个体的人性、生命性与社会整体文化面貌之间的一种人文关系。文化作为人生存的显现，对道德教育来说，具有内在的、本源性的和基础性的影响，使道德教育在一个更广阔的背景上显现出自己的真实，在与文化的联系中走向澄明。

第三节 道德教育的文化功能

教育是文化的子系统，是传递、传播和创造文化的手段和工具。文化通过教育实现人类知识和经验的保存和发展。教育的过程是对文化的选择、重组、改造和传递、传播的过程。文化学家斯普兰格分析了教育文化功能的特点，认为："教育乃是一种文化活动，这种文化活动的开始是使正在成长发展中的个人心灵与优良的'客观文化'适当接触，把客观文化安置在个人心灵之中，使其成为'主观文化'。"这种将优良的客观文化转变为个人心灵之中主观文化的过程就是教育对人的文化启蒙过程，在此过程中，与一般的知识教育不同，道德教育发挥着对人精神和灵魂培育的文化启蒙功能。这种文化启蒙主要通过将文化加以有目的有意识地传递与保存，并通过选择与重组而实现文化的改造和创新，以及文化的传播与交流等有目的有意识地影响与改造个体精神世界，以完成文化对人的教化和陶冶，进而影响社会生活与精神。

一、道德教育的文化选择功能

教育存在的意义在于把人类的文化传递给下一代，使其更好地生存和发展。然而，无论何种文化都是精华与糟粕并存，既有对社会发展和个人成长有益的东西，又有阻碍社会发展和个人成长的不利因素。因此，教育传承文化必须有所选择，对于有利于社会发展和个人成长的文化精华加以组织、筛选，而对文化中那些落后的、陈旧的甚至有害的糟粕则要加以淘汰、剔除。教育的这种有目的的文化选择对于文化扬长避短，使其得到不断发展有着重要作用。对于道德教育而言，文化的选择尤其重要。道德教育通过传递价值观而影响社会和个体的发展，价值观是文化当中最核心的要素，道德教育选择何种价值观进行传递直接决定了社会与人存在和发展的方向。道德教育选择并传递何种价值观，大多取决于文化的深层结构。所谓文化的深层结构，"指的是每一个文化都有独特的一组文化行为，它们总是以一种只有该文化特有的脉络相互关联——这个脉络关系就是这组文化行为的'结构'"。对于一个民族来说，不同历史时代的不同文化形态之间有一种超越历史的一以贯之的精神。

人类进步的历史本身就是一条没有间断的生长链条。任何社会、社会关系，都是靠一定的文化传统来维系的。希尔斯教授在《论传统》一书中谈到，人类永远生活在自己创造的文化传统和文明历史之中，而不是超然其外，事实上也没有人能够超出他所寄居的文化传统和历史之外。德国哲学家雅斯贝尔斯这样提醒人们："在历史这面镜子中我们看到了当下的狭窄性，并找到了衡量事物的标准。没有历史，我们将失去精神的空气，如果我们掩饰历史，那么在我们不知道何种原因的情况下，我们将遭到历史出其不意的袭击。"这种文化传统实质上是一种群体文化意识。从更为深刻的意义上讲，乃是一种文化结构，是由各种文化构成的意义结构。"人只有从这种文化意义结构中才能获得价值意识，才能形成思维的深层结构。"人们的一切活动和问题都受这种文化的深层结构指引，打上了文化的烙印。我们只能在这种文化深层结构的架构下才能真正深刻地理解某种文化中人的道德标准与行为。"一个社会或时代允许成年人对儿童进行体罚，另一个社会或时代恰恰是反对体罚。一个民族把向客人身上吐唾沫作为欢迎客人的礼仪，另一个民族则把这种行为看成是极度地蔑视一个人的象征。孰是孰非？……为什么在形式上同样的教育事实在一种社会历史环境下或一种人这里受到这样的'议论'和'评说'，而在另外一种社会历史环境下或另外一种人那里又受到另外一种'议论'和'评说'呢？仅从人体解剖学、生理学乃至心理学上是找不到答案和原因的，只能诉诸各自的文化的深层结构。"就此而言，道德教育的文化选择功能主要反映在对所传递的文化价值观的选择。在当前文化的全球化、多元化以及网络文化的背景下，道德教育的文化选择功能显得更为重要。选择何种文化价值观，使下一代不至于在复杂的文化狂潮中被冲垮，在信息的海洋中被淹没，值得认真思考。

二、道德教育的文化传承功能

自诞生之日起，教育就担负着文化传承的使命。前人积累的经验、观念、知识等，通过教育有目的、有计划地传递给下一代人。正因为有了教育，人类的文化才能够一代又一代地传承下去。道德教育对文化的影响还体现在文化传承的功能上。道德教育所传承的文化除了必要的道德知识外，更主要的是特定文化的价值观和行为规范。人类文化是后天习得的，因此，它不可能通过遗传的方式延续下去，只能通过传递方式发展下去。"人类进化表明：主体自然和客体自然相互作用的过程，首先凭借中介手段——工具以及多种多样的规律性的结构、形式，开始是保存、积累在人类的实践活动之中的，以后才转化为语言、符号和文化信息结构，继而又借助于教育这一中介系统最终内化、凝聚和积淀成为人的心理结构。"文化的传承是文化的世代相接，是文化在时间上的延续，其根本特征在于传递性，正是因为传递与传播，文化才得以储存与积累，才得以催生新的文化。从这个意义上讲，道德教育是传递和保存社会文化的重要手段。

教育通过传递文化使下一代能够不必亲身实践就占有前人创造的灿烂文化。否则，个体无法直接获得前人的间接经验，社会文化也难以保存、发展和完善。教育传递文化将人类的文化财富内化为个体的精神财富，这样，文化便找到了它最安全且具有再生功能的"保险库"。因此，教育作为传递文化的手段，也就具有了保存文化的功能。教育的文化传递分为两种：其一是将前人已经获得的以知识形态存在的文化传递下去，包括知识、思想、风俗、艺术以及每一世代的认知图式等，这是一般知识教育的主要功能；其二是将固有文化当中深层的文化价值观念和行为规范传递给下一代，使其更好地适应特定社会的特定文化，从而促进个体的社会化，这主要由道德教育加以完成。道德教育传递文化的过程是人的人文精神塑造的过程。它以体现人的类本性的伦理观念和行为规范为传承和教化的内容，把人类社会逐渐积淀的意义世界传递给受教育者，使其内化为个体品质及行为准则，使受教育者得到教化、教养，养成自身德性。这种文化传递不同于生物意义上的遗传，是将社会文化价值观和行为规范不断积淀的过程，从而使社会文化世代沿袭下去。在一定意义上，道德教育的这种文化传递过程是社会文化对个体的整合过程。

三、道德教育的文化创造功能

人是文化的产物，也是文化的创造者，人创造了一个独特的文化世界。正是教育，把人类已有的文化财富内化为个体的精神财富；正是道德教育，培养、造就个体与文化发展相关的个性和创造力，使文化得以发展和更新。在《思想生态学的步骤》一书中，人类学家格里库里·贝特森指出："文化本身是复杂的，学习文化的过程也是复杂的，从某种意义上看，每一代人对他们自己的文化都有一个重新发现和理解的过程。每一代人不仅学习自己的文化，而且重新结构自己的文化。"我们说，这个重新结构文化的过程就是对文化的创造过程。司马云杰在其所著《文化悖论》序言中说："人对客观的文化世界，无疑是主体。这种主体性不仅表现在文化世界的创造上，也表现在人对文化世界价值、意义的判断和选择上。"这种对文化世界价值、意义的判断和选择过程，在一定意义上，就是对文化的创造过程。由于个体在思想观念上的先见性，道德教育所传承的价值观对于个体而言必然存在着一个消化、接受的过程，在此过程中，就存在着一定程度的价值观的再创造。因而，"文化模塑人格的过程就是最广义的教育过程，而且教育同时又使文化得以继承而连贯为历史，并成为每一代人进行新的文化创造的基点"。

道德教育的文化创造功能可以从两方面理解。一方面，是指道德教育本身对文化的更新作用，从丰富多样的外界因素中选择对个体和社会发展有积极意义的因素，这种对照、选择、吸收的过程必然体现着创新的特点。另一方面，道德教育主要是成人的教育，因而其文化创造功能在于通过培养适应社会发展需要的合格的社会个体，培养大量具有创造力的人才，来促进社会文化的不断更新和发展。"主体的文化创造、创新能力的培养与提高，这正是教育所特有的功能。同时，教育不仅可以塑造文化主体的创造能力，在一定意义上说，更重要的是它还可以形成人的创造欲望、人的文化创造的自觉性与责任感。"要发展国家和民族的文化，必须有一大批具有创造力的新人。这种新人的培养离不开一般的教育形式，更离不开道德教育。道德教育不仅可以塑造文化主体的创造能力，更重要的是，它还可以激发人的创造欲望，人的文化创造的自觉性与责任感。与此同时，道德教育还为人的主体创造能力的发挥创造良好的社会文化氛围、文化结构，健康的文化行为模式等等。文化创造是道德教育的文化功能，而文化创造的前提则是文化交流。正是由于交流，使得本土文化遭受到外来文化的冲击、挑战，从而激发文化创造的生机，使得各个文化得以吸收其他文化中优秀的东西。也正是由于交流，各文化处于不断地分化与重组之中，日益趋于最优化组合。如果说道德教育的文化传承是历时态的，那么，道德教育的文化传播、交流则是在共时态中与其他文化之间的互动。其中，文化传播是一种民族文化向另一种民族文化传输的过程，在方向上是单向的。而文化交流则是两个或多个民族文化相互传输的过程，具有双向性或多向性。通过教育吸收其他民族的文化，都要经过去劣存优，吸取精华，去其糟粕的选择过程。不同文化显示出不同的世界观和价值观，通过文化传播和交流，加强不同文化的彼此了解和理解，相互学习，互相借鉴，不断整合不同特质的文化，吸取他者文化的精华。道德教育对文化进行着创造与更新。尤其是当前全球化、信息化飞速发展，各个国家、民族在获得空前的解放与自由时，不同文化的价值观也在同一空间相继出场，彼此遭遇，这为各国道德教育的交流提供良好的文化平台，同时，也为道德教育的发展与人类自身的生存提出新的挑战与课题。

总之，道德教育的文化选择功能、文化传承功能以及文化创造功能之间并非彼此孤立进行，相反，是相辅相成、紧密联系的。道德教育的文化选择是文化传承的前提和基础，道德教育总是会选择那些积极的、有利于社会及个体发展和进步的文化价值观与行为规范，摒弃那些落后的、不适合时代发展的文化价值观与行为规范。进而，将这些选择的文化价值观与行为规范传承下去。而在道德教育的文化传承过程中，必然伴随着文化的交流与创造。道德教育的文化选择、传承与创造功能总是会适应环境与历史，伴随着社会文化的进步、教育的发展，道德教育的文化功能也在不断地发展变化。

第四章 构建校园文化的基本策略与路径

第一节 构建校园文化的基本原则

构建校园文化，必须遵循一些基本的原则，否则，校园文化将会丧失其应有的教育方向和功能。

一、历史性原则

任何学校都不可能割裂历史而凭空建立新的文化。学校文化建设不是刻意制造与过去的不同，它从根本上说是学校历史进程中内在的、自我的发展要求，是历史走向今天的生成性命题。因此，学校发展需要不断去认识和解读校史，有效汲取传统精华为学校今天的发展服务。由于办学者对校史的认识不可避免地有着自身的和时代的局限性，因而认识校史，并以此为依据来服务学校现实，将是一个不断超越既有认识的过程。同时，任何新文化的形成都需以其是否成为文化主体的价值追求和生活方式为标志，让新的办学理念、规章制度等从文字转化为学校成员共同的精神信念和行为习惯，这也需要有一个渐进的过程。

二、人本化原则

学校的核心价值，就是师生的发展。也就是说，学校的核心价值是靠也只有靠师生的发展来体现。如果确立了这样的核心价值观，也就明确体现了学校核心价值观中以人为本的原则。

从另一个角度讲学校文化实际上是师生文化，学生和教师是学校的主体，它们是学校文化的创造者、设计者、参与者和实践者。学校文化建设必须依靠全体教职工和学生的积极参与。比如说，学校文化当中的一系列价值理念提出来之后，首先要得到全体教职工和学生的认同，只有得到了全体教职工和学生的认同，这些价值理念才有可能在师生中内化为统一的思想认识，然后外化为师生统一的行为和行动。所以，学校文化建设必须依靠全体师生员工，充分调动师生参与学校文化建设的积极性和主动性，并发挥全体师生的创造性，使得学校文化更富有生命力和活力。

三、地域性原则

在我国灿烂的中华民族文化中，既有共性的优秀品质，又有千姿百态的地域性民族文化奇葩。各个不同的民族、各个不同的地域，都有优秀的地域文化。这些地域文化，对于地方社会进步和经济发展，都在长时间起着积极的推动作用。所以，在学校文化的建设过程中，要有意识地融入一些先进的、适合学校特点的地域文化。这样，不仅会丰富学校的文化，还会使学校的师生对学校文化产生亲近感和认同感，会更好地促进学校文化在师生中的内化。

四、差异性原则

学校文化是学校个性的体现。在今天学校发展已从唯求教学质量转向追求办学特色、办学品位的态势下，构建校园文化更需要遵循"错位发展"理念，避开同质化的思路，注重从自身独特而不可复制的历史积淀中挖掘文化资源、凝聚文化灵魂。只要学校寻找到这种个性化的精神气质，并在当代教育观中进行准确定位，使其真正成为贯穿所有办学思想的红线，形成办学理念系统"价值链"，再辅以执行系统的跟进与完善，那么从理论上说，学校文化就必然会具备鲜明的个性，就必然会使文化力得到极大提升，必然会建立起独具魅力的品牌形象。

五、创新性原则

学校文化是在学校发展的历史过程中逐渐积淀而成的，学校文化建设必须是在学校原有传统文化基础上的出新。于是，我们首先必须准确、深刻地提炼出学校传统文化的核心价值观，并以此作为文化推新的逻辑起点。然而对学校传统的继承，往往取决于我们怎样理解学校的现在和怎样设计学校的未来。因此，学校的发展又不能拘泥于传统文化。它必须是对传统的超越，必须以"弘扬"为出发点、以"创新"为价值取向、以"策划"为手段、以"发展"为最终目的。

六、实践性原则

学校文化建设不仅仅是一个理论层面的问题，它更是一个实践层面的问题。学校文化建设的全过程，就是一个实践的过程。

学校文化建设不是一朝一夕就能完成的，不管是物质文化、制度文化还是精神文化、课程文化、活动文化，都应该在实践的过程中逐渐产生、逐步深入。就物质文化而言，一边建设，一边检验，检验是在实践的过程中来检验。就制度文化而言，制度的适用、完善、科学、合法以及人本程度等等，都要在实践当中得到检验。一边检验，一边修订，把一些不符合学校特点的东西舍弃掉，换上另外的适合学校特点的内容。一般来讲，一项学校的规章制度、行为规范，它的产生，都应该经过全校教职工上上下下、反复讨论才能够产生，讨论的过程，既是一个修订的过程，又是一个全体教职员工学习的过程，一个全体教职员工深入人心的过程；精神文化的建设过程更是这样，一些价值理念的提出，更要经过全校师生员工的积极实践才能得到检验，以判断这些价值理念是不是符合学校的实际情况，是不是具有本学校的特点，是不是能在学校的发展过程中对全校师生员工起到引领的作用。课程文化、活动文化也是如此，他们都要经历一个不断历练凝结的过程，只有经历了这一过程，才会形成学校独有的富有特色的课程文化，才会形成一所学校富有个性的品牌活动。校园文化在全校师生员工中的灌输、培植过程，实际上也是一个实践消融执行的过程。

短时间急就的学校文化不是成熟的学校文化，很可能是短命的学校文化。也可以说，没有经过实践的学校文化，肯定不是成熟的学校文化，肯定不是有价值的学校文化，也不会是长久的学校文化。

第二节 构建校园文化的基本策略

构建校园文化，是学校文化整体提升升华的一个过程，工作千头万绪，任务繁多，必须运用好一些基本的策略。

一、主题统揽策略

校园文化建设就是要充分体现学校的办学理念和办学思想，为此，所有的学校活动都可以围绕办学理念展开，用主题理念去统率和指导学校中的一切，从而形成一种具有鲜明理念内涵的文化整体合力。这样的校园文化给人以巨大的震撼力，容易形成深刻的印象，产生强大的教育冲击力。

二、分步推进策略

校园文化建设需要一定的条件，如财力、物力、学校的历史积淀、学校的个性文化储备等。然而由于多方面的原因，有的学校在一定时期内不一定具备这些条件，那么就可以采取总体规划分步推进策略。分步推进策略强调整体设计、分步实施。之所以强调整体设计，是为了保持校园文化的整体性和统一性；而分步实施，是为了把校园文化建设的长远利益与现实的可能性有机地结合起来，从而使校园文化建设不浮夸，一步一个脚印，扎扎实实地进行。

三、重点突破策略

校园文化建设涉及面很广，鉴于学校条件的因素，事实上不可能全面出击，必须在分析学校现有状况的前提下，集中优势，重点解决几个问题，解决核心问题。如可以个性环境创建、制度文化建设、精神文化建设、特色课程建立等的某个或几个方面着手，通过重点建设寻找校园文化创建的突破口，最后带动整体文化建设工作。

第三节 构建校园文化的基本路径

要构建独特而富有个性的校园文化，首先要定位好自己学校的办学理念，办学理念在校园文化中居于最核心的位置，它统领着学校的整个校园文化体系，它是校园文化的灵魂。一所学校，在确立了办学理念后，就要以办学理念为出发点和目标，着手构建自己的校园文化，构建校园文化体系，有一些基本的路径可寻。

一、校园文化中的学校精神文化建设路径

(一)学校精神文化建设的内涵

1.学校精神文化的基本内涵

精神文化是人类在物质生产和社会实践中形成的各种意识观念的集合，如社会制度、伦理道德、文学艺术、价值体系、科学技术等。学校精神文化是在学校教育、教学实践、师生互动、校园文化等过程中形成的精神文化，也是学校的人际关系、心理氛围、校园风气、校园伦理、价值观念等内容的总和，它集中体现了学校的培养目标与办学理念。通常可以从心理、理念、形象三个层面解读学校精神文化，从心理层面看，学校精神文化是指师生的感觉、思维、现象等心理过程以及性格、气质、情感等思想意识。从理念层面看，学校精神文化是师生的思想认识、价值倾向、行为方式、学校风气等形成的"文化效应场"。从形象层面看，学校精神文化是学校的文化形象、整体风貌、社会评价等。

2.学校精神文化的人本意蕴

人是文化的存在……离开了文化世界，人就可能成为一种动物。所以，文化始终是哲学家关注的基本命题。在工具理性遮蔽一切的后现代境遇下，人文精神、人本关怀等遭到了冷遇和遗弃，人们的精神生活

变得越来越"贫瘠",于是,精神文化成了哲学家关注的重要命题。哲学家科斯洛夫斯基从工具理性与人文精神的尖锐对立中引出了"精神文化"的概念范畴,并将精神文化定义为与物质文明与技术文化相对立的文化价值,从而表达了人类对精神世界与伦理生活的再发现。就学校精神文化而言,斯普兰格认为,应以现实的人为起点考察文化的本质,学校文化的存在价值不在于传递知识,而在于唤醒人的生命和灵魂。显然,如果学校精神文化建设偏离了"以人为本"的价值取向,忽视了学生的心理成长、个性发展和生命体验,就会偏离学校教育的本质,堕入工具理性和功利主义的窠臼。因而,学校精神文化建设应以学生、教师等现实的人为出发点,关注人的情感、尊严、理想、价值和生命体验,并将以人为本融入精神文化建设的各个层面,建构尊重人、关心人、发展人的教育机制、教育模式、教学体系、文化环境等。

(二)校园精神文化建设策略

1.学校文化传统资源

学校文化是学校在长期的教育实践和与各种环境要素的互动过程中创造和积淀下来的。它是为其成员认同和共同遵循的信念、价值、假设、态度、期望、故事、逸事等价值观念体系,也是制度、程序、仪式、准则、纪律、气氛、教与学等行为规范体系,还是学校布局、校园环境、校舍建设、设施设备、符号、标志物等物质风貌体系。学校传统文化是在学校发展的历史过程中逐渐形成的,几乎每所学校的传统文化都具有独特的个性色彩,都是学校宝贵的精神财富。任何学校进行学校文化建设和精神文化提炼,都必须先进行"文化寻根",也就是从学校的发展历史中寻找文化的发展轨迹。这不仅是研究学校文化传承的源头,也是学校精神文化建设的基础性工作。

2.地域文化资源

广义地讲,地域文化是一定地域的人们在长期的历史发展过程中通过体力和脑力劳动创造的，并不断地加以积淀、发展和升华的物质和精神的全部成果和成就。它包括物质文化和精神文化，反映了当地的经济水平、科技成就、价值观念、宗教信仰、文化修养、艺术水平、社会风俗、生活方式、社会行为准则等社会生活的各个层面。狭义的地域文化专指地域精神文化，指的是人们在长期的历史文化发展中所逐步形成的特定地域内的风俗习惯、人文心态、民族艺术、思想意识、道德规范、价值观念、思维方式的总和。

由于学校精神文化具有明显的地域性特征，学校的兴办、发展、壮大、招生、教学等都受到地域文化的明显影响。所以在提炼精神文化时，必须要考虑利用好地域文化资源，让地域文化进入校园，在学校精神文化中彰显出地域文化特征。

3.继承学校文化传统

许多学校办学历史悠久，办学经历曲折复杂，其"文化寻根"工作相比其他类型只会显得更加重要，也更加复杂和繁重艰难。学校传统文化的继承不是简单的单线承接与传递，而是一个需要选择、扬弃和创新的复杂过程。具体来说，需要处理好以下三个关系。

(1)处理好学校主流文化和支流文化的关系。不少学校的"文化寻根"相对较为复杂，要深入挖掘，理清脉络，在既要把握主流文化，又吸收支流文化的思路下，以包纳融合之法，才能找到文化主源。这是学校找寻自身文化根性时的重点。

(2)处理好吸收精华和舍弃糟粕的关系。一些学校办学历史悠久，文化传统历久弥香，应该吸取；一些学校由于师资力量不足，或因社会环境等因素所致，所以需要对自身的文化资源加以重新认识，进而细加选择与扬弃，让落后文化在实践检验中被自然淘汰。

(3)处理好传统继承和文化创新的关系。学校传统文化的存在为我们提供了丰厚的文化资源，是学校的宝贵财富，需要我们继承；同时，需要我们在不断创新的过程中为传统文化注入新的内容，使之在不断地更新和充实过程中持续发挥育人功效。

4.彰显地域文化特色

地域文化品种繁多，外延宽广，内涵丰富，难免会有芜菁并存、玉石杂糅现象。"合适的才是最好的。"对地域文化资源，学校必须在认真学习研究的基础上进行合理选择，彰显地域文化精华。具体做法是处理好以下三个关系。

第一，处理好地方特色和学校的关系。学校精神文化建设在选取文化资源时要全面研究地域文化特色，既要考虑是否具有鲜明的地方特色，是否具有地方文化的代表性；更要检验其是否能够体现学校本身的特点，是否符合中学的文化根性。

第二，处理好形象呈现和价值体现的关系。进入校园的地域文化，既需要充当学校对外宣传的形象识别符号和鲜明的旗帜，帮助学校在域外树品牌，成名校；也需要挖掘地域文化丰富的文化内涵，发挥其文化功能，来引导学生、规范学生，"教化"学生，体现其育人价值。

第三，处理好师生认可和文化融合的关系。作为文化资源进入校园的地域文化，一方面必须是师生耳熟能详、十分喜欢、高度认可的；另一方面还要考虑是否能代表本校的独特精神气质，是否和该学校的办学特色和发展方向相融合。

(三)校园文化精神建设的基本路径

1.校园文化精神建设的基本路径

应该说，校园文化建设，无论是环境文化、精神文化、活动文化、制度文化等，都有其基本的构建方法和路径。校园文化中的每个子系统文化构建，在不同的学校，由于受各种主客观因素的影响与制约，其构建路径、达成目标、效果可能不一样，在这里就不在一一叙述，这在本书后面的案例中均有涉及。

下面以校园精神文化的构建路径为例作一个简单说明。

2.构建校园精神文化体系应遵循的基本路径

一是充分体现学校独特的精神风貌和个性。一所学校，它的特色是什么？办学模式有什么特点？它的历史积淀有哪些内容？它的人文特征是什么？教师是如何工作的、如何学习的、怎么成长的？学生的行为习惯特征是什么？学生的成长模式如何？学生的综合素质怎样？所有这些，均是构建校园文化体系时所必须融入的要素；二是学校群体性参与构建，精神文化一定是学校大家的文化，一定要被学校师生认可；三是学校精神文化具有独立性，它的个性特征应该非常明显，此学校的精神文化不可复制到彼学校；四是学校精神文化提炼时要做到经典、精炼、集中；五是学校精神文化一定得具有广泛的摄入性，它的触觉一定得伸向学校的每个方面，任一个角落。

二、校园文化中的学校制度文化建设路径

制度文化在校园文化体系中是关键，它在学校办学方向、贯彻党的教育方针、规范办学行为、提高教育质量、全面推进学校工作等各个方面起着保障作用。同样，学校文化与学校制度在学校发展过程中也相互作用，二者相互依存、相互制约，有着密切的联系，这种密切的联系也是由身处学校中的人作为中介而形成的。学校文化通过影响学校成员，形成一定的价值观和信念，从而规定着学校制度，是学校制度形成、发展和创新的理论基础和思想依据，解释学校制度的存在意义并提供学校制度的目标导向。已形成的学校制度又不断保障和强化它所赖以形成的学校文化，将其内化并渗透到学校内部的各个领域，乃至每个成员的心理和行为中，巩固和保持其在学校内的地位。因此，学校文化是学校制度的"精神性"根源，学校制度是学校文化在学校存在中的"体现"和"显化"。当学校制度和学校文化高度融合之后，就形成了学校的制度文化。

（一）学校制度文化的内涵

1.学校制度文化的含义

学校制度是学校对其成员的行为规范，显然，不同的出发点，会有不同的规定，从而形成不同的规范——制度文化。如，西方国家的学校在行为规定上比较强调灵活，认为自由有利于学生的发展；而东方国家比较强调管束，认为严格的环境有利于学生成长，这缘于东西方不同的文化背景。对学校制度文化的理解因对其理论渊源的深入了解而逐渐明朗化，对其概念的界定主要有以下几种：学校制度文化是指渗透于学校各种组织机构和规章制度之中、被学校全体成员认同并遵循、体现学校特有的价值观念与行为方式。

学校制度文化是指社会期待学校及其各类成员具有文化，包括信念、价值观、态度及行为方式等，它体现着社会对学校在文化方面的要求，并通常以国家或政府机关所颁布的与学校及其成员直接有关的法律、章程、守则和规定等表现出来。

尽管众学者对学校制度文化的表述不尽相同，但基本含义还是比较一致的。本研究比较赞同的是学校制度文化，简言之，即由学校制度所承载、表达、衍生和推动的文化，它是一所学校渗透在体系架构、规章制度、工作流程、岗位职责中的价值观念和风格特色，也是在生成和执行各类制度过程中折射出来的价值取向和行为准则。它是有形的制度与无形的价值的有机结合，一方面以有形的制度作载体，一方面以无形的价值在学校的诸多领域体现出来，不仅体现在制度本身，而且通过制度实施，体现在一切结构、组织、形式、过程、方法、技术、行为方式、人际关系、心理氛围之中。学校制度文化越发展完善，无形价值在上述各领域的体现与制度所承载和推动的文化越趋同。

2.学校制度文化与学校制度

学校制度文化和学校制度是既有密切联系又有区别的两个概念。

学校制度文化强调的是，在学校的教育教学活动中建立一种学校成员能够自我管理、自我约束的制度机制。这种制度机制使学校成员的生产积极性和自觉能动性不断得以充分发挥，而学校制度是学校为了达到某种目的，维持某种秩序而人为制定的程序化、标准化的行为模式和运行方式，它仅仅归结为学校某些行为规范。因此，可以说学校制度文化是建立在学校制度的基础之上，逐步完善起来的。

而两者的区别则在于制度文化是用文化学的方法对制度加以分析和解释，因此学校制度文化是将学校制度本身当作文化现象来对待。它假定作为文化的学校制度，不仅其非正式制度、内在制度或文化进化的规则与文化有关，而且其正式制度、外在制度或设计的制度均与文化有关，我们可以从学校制度的网络中去寻找学校文化背景或学校文化的内涵。然而，学校制度文化更加偏重于强调制度的文化层面与规则层面的内在一致性，即强调学校制度的价值观念、道德伦理、思想意识与学校制度的习惯、规范、规则的内在一致性。也就是说，学校制度与学校制度文化虽然非常相似，但学校制度文化作为学校文化的制度层面比制度带有更浓厚的文化色彩。学校制度文化与学校制度相比，始终关注学校文化中的制度文化与精神文化之间的相容性、协调性和互补性，如果学校制度文化缺少学校精神文化的协调与互补，就会趋于僵硬，趋于保守，或者变得效率低下。总之，学校制度文化将学校制度的分析纳入学校文化的范围，并且将学校制度作为文化分析的真正单元。也就是说，学校制度文化与制度的不同之处在于，学校制度文化并不是单独的制度分析，而是从文化整合的目的与手段着手，将学校制度看成是学校文化为充分适应环境而逐渐发展出的体系。

因此，学校制度并不必然地成为学校制度文化，要使学校制度成为学校文化的组成部分，需要相关成员的认同和内化。由于学校制度文化并不都是由学校自身规定的，因而它对学校来说，起码在起始阶段带有强制性，是一种"外在的文化"，或者说是"纯制度文化"，只有当这种"外在文化"被学校成员所认可、所接受，从而转变为学校"内在文化"时才能对学校成员的行为，对学校教育教学活动产生深层的影响。简言之，学校制度文化就是学校成员所实际遵循的制度规范，"在根本上是人们长期以来形成的对制度的价值判断和对待制度的方式。"

3. 学校制度文化与学校文化

"文化通常包含着多个层面，有二分法、三分法、四分法。二分法指物质层面和精神层面，三分法指物质层面、制度层面、精神层面，四分法则是在三个层面之后再加上行为习俗层面……学校文化与整个人类文化一样具有多种层面。"鉴于本文认为行为习俗归属于上文所定义的"制度"中，因此，笔者主张学校文化的结构包含物质文化、制度文化、精神文化三个层面。既然学校制度文化是学校文化的一部分，对其的认识，就离不开对学校精神文化、学校物质文化与学校制度文化之间关系的深入剖析，进而理解学校制度文化与学校文化的关系。

所谓学校物质文化，是由学校师生员工在教育实践过程中创造的各种物质设施的文化特征，是一种以物质形态为主要研究对象的表层学校文化。学校精神文化则是学校文化的深层表现形式，是指学校在长期的教育实践过程中，受一定的社会文化背景、意识形态影响而形成的为其全部或部分师生员工所认同和遵循的精神成果与文化观念，表现为学校风气、学校传统以及学校教职员工的思维方式等，可以说是学校整体精神面貌的集中体现。

学校制度文化与学校物质文化和学校精神文化是紧密联系的，一定的制度文化以一定的物质文化为基础，并通过物质文化表现出来，同时又反映学校精神文化。学校制度文化是保证和规范学校各项活动顺利实施的基本条件，它使学校各项工作有章可循，并且是学校组织得以运行及向前发展的前提。作为学校制度文化来讲，它不仅是一种价值激励因素，也是一种利益刺激杠杆，它既要触及人的精神价值，也要触及人的名誉利益。正是依靠制度的柔性教育和激励，特别是制度的刚性约束和转化，才使全体师生员工形成共同的价值观念、行为规范、思想态度。学校制度文化形成自觉接受管理、自我约束的内隐概念，这种内隐概念就是学校的精神文化。可以说，没有制度文化的刚性约束，单靠精神文化本身的教育引领，单靠物质文化的教育熏陶，新型的学校文化要想在学校成员身上得到切实的内化是不可想象的，学校要实现有序的良性发展也是不可能的，学校文化建设前行的速度、达到的高度、辐射的广度都将受到很大影响。因此，可以说学校制度文化是学校文化建设的保障机制。

(二)学校制度文化的特征

与学校物质文化、精神文化相比，学校制度文化具有它自身的鲜明特征，主要体现在以下方面：

1.共性和个性统一

学校的任务是全面贯彻党的教育方针，培养社会主义事业的接班人。为了加强对学校的领导和管理，保证学校完成党和人民赋予的光荣任务，党和国家制定了大量的教育方针、政策、法律、法规。这是学校制度文化的核心内容和灵魂，它规定了学校制度文化的特质和共性。但是，由于各学校在办学规模、培养人才的层次上各不相同，学校间的实际情况差异较大，作为学校制度文化的基础——学校制度各具特色，表现出学校制度文化的鲜明个性。尽管如此，学校制度文化的性质决定了学校制度必须服从于党和国家的大政方针，学校制度文化必须服务于培养跨世纪人才这一共同目标。

2.强制性和自觉性统一

学校制度是一种规范，具有很强的约束力和一定的强制性。一切学校人员都毫无例外地必须遵循这些规范。这种强制性的要求过程是一个统一行动的过程，是强制性向自觉性过渡的一种过程。学校制度文化本身就是外在制度向个体内化的一种动态过程。学校制度文化的强制性并非终极目标，学校制度文化的自觉性才是我们追求的文化结果。强制性仅是达到高度自觉性的一种手段，没有强制性很难实现我们所希望的自觉性，学校制度文化的辩证统一过程即是它产生文化效应的过程。

3.稳定性和变动性统一

学校制度文化随着学校制度的颁布、贯彻、执行即开始形成一个相对稳定的文化现象。师生的制度心理、制度意识、制度观念在一定的时空条件保持着相对的稳定。由此而形成的制度文化传统成为学校的无形财富，并影响一代又一代师生的精神风貌。在对学校制度的反复宣传、反复训练中，所培养的习惯和制度意识成为建设学校制度文化的良好心理环境。同时，学校制度文化的相对稳定性并不是绝对不变的，制度文化是社会文化环境的产物，学校制度文化受制于社会物质经济基础的影响。当教育的外部条件发生了新的变化时，学校制度就会及时修订，学校制度文化也随之在继承优秀的基础上补充新的内容。

(三)学校制度文化的结构和功能

"文化不仅有其内容而且有其结构这一事实，现已获得普遍的认识。"学校制度文化作为学校文化的一个重要组成部分，也有其自身的结构与功能。

1.学校制度文化的结构

一般而言，制度文化包括三个层面：一是传统、习惯、经验与知识积累形成的制度文化的基本层面，二是由理性设计和建构的制度文化的高级层面，三是包括机构、组织、设备、设施等实施机制层面。也有学者把学校制度文化分为以下三个部分：学校的正式规章制度、学校的非正式制度、学校的外部制度。本书从三个不同维度进行考察：

（1）内向制度文化和外向制度文化。内向制度文化指学校内部用于自我管理的制度文化，包括学校管理制度文化、学校组织结构文化。学校管理制度有广义、狭义之分。鉴于研究需要，这里仅从狭义角度来考察，认为学校管理制度是指学校及其他教育机构对教育教学及其相关配套活动所制定的各种规章、规定、条例及实施细则的总称，它是调节与控制学校内部各种关系和部门及个人行为的规范。目前，我国学校的主要管理制度一般包括：全校性的管理制度、教导处的基本制度、总务处的基本制度、校长办公室的基本制度、教职工岗位责任制度、师生员工行为规则制度等。学校组织结构是指为了有效实现学校目标而筹划建立的学校内部各组成部分及其关系的形式。这种形式将确立学校各成员之间的沟通方式、工作规范以及学校管理人员的权利及责任范畴，通常包括正式组织结构与非正式组织结构。内向学校制度文化是学校制度文化最核心的组成部分。

外向制度文化指学校与政府、家长、社区等周边环境打交道所遵从的制度文化。之所以存在外向制度文化，是因为学校制度文化是建立在一定的经济基础之上的，制度观念、制度规则、制度物质设施、制度组织等无不受到经济基础的制约。比如，我国一些贫困地区存在的单班学校的制度文化与一般规模较大的学校在组织结构、管理制度方面就存在很大的不同。当然，制度文化与意识形态也有紧密的联系，制度文化的改变有待于人们观念的改变、思想的解放，人们对教育的认识和重视程度等都会影响学校制度文化的内容、形式与特点。此外，制度文化还与风俗习惯有着千丝万缕的联系，不少制度或多或少地包含着群众所遵循的风俗习惯。外向学校制度文化构成了内向学校制度文化的环境，研究外向学校制度文化就是要克服不利于学校制度发展的因素，从而促使学校制度文化正功能的发挥。

(2)正式制度文化和非正式制度文化。前者是学校正式结构和正式制度表现出的文化，即"明规则"；后者是学校非正式结构和非正式制度表现出的文化，即"潜规则"。非正式制度文化又可分为顺向非正式制度文化和逆向非正式制度文化两类，前者指良性的或与正式制度文化相容的非正式制度文化，后者指不良的或与正式制度文化不相容的非正式制度文化。

（3）静态制度文化和动态制度文化。前者指以文本形式存在的制度文化，它是制度文化形成的起点；后者指内化到人的行为上的制度文化，它是制度文化建构的归宿。学校制度文化建设的重要使命就是促进外向制度文化与内向制度文化协调配合，全方位地建设和弘扬正式制度文化，修正不良的非正式制度文化，最终使明规则最大限度地涵盖学校公共生活的各领域；潜规则向明规则方向尽可能地靠拢，是静态制度文化与动态制度文化最大程度的契合，制度的客观精神最大化地内化为人的主观精神，从而达到制度文化建设的较高境界，推进高水平学校文化的建设。

2.学校制度文化的功能

学校制度文化是学校文化的重要组成部分，是学校文化的内在机制，是维系学校正常秩序必不可少的保障机制，有着不可替代的作用。学校制度文化的功能可以从不同的角度进行分类，诸如正功能、负功能和非功能，直接功能和间接功能，显性功能和隐性功能等，本文主要从作用性质角度，讨论学校制度文化的基本功能。

(1)学校制度文化具有导向功能

导向功能即规范人们的行为，为人们的社会化提供行为模式。学校制度文化的导向功能包含两层意思：一是通过一系列规范使人们的行为纳入一定的轨道，以维持社会秩序，保证共同生活正常的进行。二是它提供了社会的行为模式。行为模式就是指社会角色模型，即人们社会化过程中所追求的理想目标、行为的榜样和准则，如三好学生、学习标兵等。由于制度本身的可操作性，学校管理者可以通过制定制度、条文体现学校的办学目标、办学宗旨，对学校内成员的要求等，使管理对象的行为纳入特定的轨道，用以保证学校学习、生活的正常进行和良好的秩序。健全、成熟的学校制度文化能给予成员正确的生存、发展目标，特别是能激发教师工作和学习的积极性和能动性，激发教师潜能，使教师自主地向学校制度文化所要求和体现的目标努力。

(2)学校制度文化具有约束功能

这是由学校制度文化的本质属性决定的。"没有规矩，不成方圆。"学校制度文化就是学校成员所实际遵循的各种规范，这些规范如同无形之网为人们的行为确定了界限，形成和维护着学校的秩序。由于学校制度文化的规章设置、仪式和传统的形成都渗透着学校的道德要求与教育意志，是一个有情感色彩的具体生动的环境，因此，学校制度文化能对那些不符合学校健康发展的价值取向、行为方式进行纠正和惩罚，以使学校成员形成对违背社会道德、社会规则的思想和行为的判断力、自控力，自觉抵制各种丑恶现象的侵蚀，也可以通过暗示、舆论、从众等对师生产生潜在的心理压力和动力，规范师生的价值观和行为方式，进而把外在文化转化为内在文化，从而主动接受学校的制度规范，不带有任何逆反心理。

(3)学校制度文化具有激励功能

学校制度文化在约束人的同时也激励着人。如果只有约束没有激励，学校制度文化就纯粹成为束缚人的条条框框。学校的各项规范规定了在特定的情况下人们能做什么、不能做什么，该怎样做、不该怎样做，从而划定了一条行为的边界。这条边界标志了学校这个社会共同体认可的行为准则，在界线以内的行为，得到人们的许可、赞赏、鼓励；超越界线的行为，则受到人们的排斥、舆论谴责等。激励功能主要是通过提倡什么或反对什么、鼓励什么或压抑什么的规定，借助奖惩条件、群体压力、个人的道德修养等机制得以实现的。

(4)学校制度文化具有教育功能

学校的各项规范规定了师生员工的言行，为他们的品质、行为、人格的自我评定提供了内在尺度，同时也对师生品德行为具有规范和约束作用。有什么样的规范，就会形成和强化什么样的人生观、价值观。建立和谐统一的规范体系，意味着从学习、生活、娱乐、工作各个方面，鼓励与学校文化相一致的思想行为，使奖励和惩罚成为学校文化的载体，使学校倡导的价值观念变成可见的、可感的、现实的因素，时时发挥着心理强化的作用。换句话说，使管理工作不断丰富其思想内涵，把思想政治工作渗透到管理工作的各个环节中去，发挥着教育的作用。

学校制度文化也有一定的负面功能。大量的、烦琐的、落后的学校制度往往是建立在约束、抑制个体的基础之上的，它是人身心发展的牢笼和桎梏，摧残人的创造性，使个人的批判意识、独立意识、怀疑精神、探究精神都受到压制，因而也就丧失了过民主生活的能力。因此，学校制度文化就像一把双刃剑，它既可能是营造有序而和谐的学校氛围的保障，也可能是造成压抑、沉闷的学校气氛的工具。学校制度文化功能的大小和性质取决于它的科学性、合理性程度。

(四)学校制度文化建设有助于学校发展

学校制度文化建设的是现代学校制度文化。文化是一个动态发展的过程，学校制度文化也是一个动态发展的过程，它总是随着社会的变化而变化，随着教育的变化而变化。受中国传统文化中的整体思维、现实中潜在的权威取向以及现行的组织结构等因素的影响，烦琐、刻板、划一的规章制度在现今许多学校中仍不同程度地存在着。不可否认，我国学校制度体系除了受传统文化的影响，还带有明显的西方制度化教育的痕迹，并且制度化教育的施行度随我国工业化步伐的不断加快而日趋加大。这种以严格监督、严格控制、有效惩罚为具体手段，将师生个体生命的能动性、丰富性、潜在性禁锢于"命令—服从"的枷锁之中，使生命的意义与价值被边缘化，学校制度氛围必将使学校文化日趋离散。因此，传统的学校制度文化必须重塑，以适应现代社会历史潮流。

现代学校制度文化所关注的应是人的生存方式和生命意义，它是精神生活的守护神，它追求人的情感与精神的和谐发展，追求一切活动的价值与意义，追求生活的质量与人的完美，它赋予一切活动以生命与意义，优秀制度文化的缺失就意味着生命的贬值与枯萎。因此，作为新型的现代学校制度文化，它应认为人的价值高于物的价值，以人为本是它的核心理论，任何制度的建立都将人的价值放在首位，物的价值放在第二位，归根结底是为了人的发展服务，它具有尊重人的基本特性，将人视为人的本身，而不是工具、机器或神。它认为团体的共同价值高于个人价值，倡导团队的文化，认为缺乏合作价值观的学校，在文化意义上是没有吸引力的，也缺乏效率；它认为教育的价值是放在其他一切价值之上的，是以教育的社会效益的良性循环作为学校发展的基础。

这种现代学校制度文化应引领与检点学校制度，其要义是将教学自主权还给教师，释放教师的全部潜能。完善学校契约制度，将教师定位于职业人，与学校间通过契约建立平等的关系，互赋权利与义务，学校各部门、各工作岗位责权利相统一。改善学校治理方式，在人力资源配置方面建立"校内人才市场"，在行政力量、学术力量、市场力量共同作用下完成最佳配置，并实施教师自我管理。加强对学校强势力量的监督，实现同心圆式的组织结构，圆心是学生，一切为学生，以促进学校充分、全面、终身、有差异发展为目标，外围是教师，再外围是后勤职工，最外面是领导。同心圆式的组织结构是真正体现服务的，学生是最终服务对象。完善学校管理制度，以质量为轴心，以人性化为主要方式，以契约性为主要手段，以团队合作为风格。

总之，在优秀的学校制度化下，广大师生会拥有更好的学习资源、更多的发展机会和空间，以及良好心理氛围，学校将成为令人愉快的学习与工作场所，也是生命得以张扬、价值得以彰显的空间。

三、校园文化建设中充分体现人文意蕴的环境文化建设路径

(一)人文景观体现学校历史和地区特色

景观是指某地或某种类型的自然景色，也泛指可供观赏的自然景物，人文景观是人为创造的具有人文知识和审美价值的景色、景物或文化现象。校园景观是一个运用文化、艺术、技术手段组织的理想的环境，最大限度地满足教育的需要是校园景观的最大追求。校园是育人的地方，具有特定的场所精神，景观元素正是表达这种积极向上、富有朝气和带有启迪性环境氛围的素材。学校的人文景观是有目的创设的具有教育意义的人文环境，体现学校历史、地区特点、时代精神。不能千篇一律，只用抽象雕塑和方块绿化替代。近些年对第二课堂的提倡对校园环境建设提出了新的要求。景观对个体的成长，特别是对人的精神境界、文化品位、审美能力、道德情操有重要影响。丰富的室内外人文环境能促进学生多层次交流，便于培养学生的能力。结合校训、校风的景观能在思想品德、审美情趣、环境意识、行为方式等方面潜移默化地教育与熏陶学生。非课堂的培养往往使在此受教育的人终生难忘。

反映学校历史的优秀人物和事件或具有特殊意义的雕塑、园林、场馆，以特殊事件、时期命名的建筑物，体现学校历史的古老设施、建筑，具有学校自身特点的活动、休憩、绿化角落，校舍内设置的美术、书法作品等都是反映学校历史和特点的人文景观，具有丰富的内涵及教育意义。不同地区学校的人文景观可以结合地区特色。江南地区古典园林风格的校园建筑和绿化；炎热地区校舍的开敞，宽阔的连廊，通风良好、光线充足、干扰较少的"品"字形教学楼；寒冷地区开阔的阳光走廊、广场、室内绿化、体育馆、游泳馆也都是反映地区特色的人文景观。景观不仅能满足"功能"要求，可供学生使用、调节情绪、感受舒适等，同时蕴含教育的内容。

（二）创设校园休闲绿地和庭院

学校的校园绿地和庭院是校园环境中与自然发生直接关系的一部分。建筑与自然、人与自然如何达成和谐的关系要做重点考虑，突出实效：校园作为学生学习、生活的场所，特定的因素和使用主体决定了环境的基本特点。作为总体环境的一部分，校园休闲绿地和庭院除满足基本优化环境功能之外，其功能的实效性值得我们关注。一般来说，校园内的休闲绿地不会承担诸如大型集会、观光、儿童活动等功能，学生对其要求无外乎就是能够满足举行以班级为单位的小型聚会、小型活动、交流、读书、休憩等。因此布局上就应注重分析这些因素，以学生为本，创造出不同要求的多样空间。真正达到美观、实用。

1.注重立意：有意无景，形同说教有景无意，格调不高。无论是绿地还是庭院，对于校园环境来说，寓教于景、环境育人显得更为重要。中国古典园林非常讲究意境美，现代社会也公认园林是艺术与科学的结合，创造人与自然和谐的环境是校园休闲绿地、庭院的目标。道路、水池边缘、山脊线、花坛及花境边缘等根据使用的方便尽量取自然的弯曲线，各种植物的种植不采取等距离，不栽成直线或几何图形，园内花坛、树坛、绿篱等平面构图不用几何图形或剪成规整的立体形状，虽由人作，宛自天然。绿地的小品如雕塑、亭、台、轩、榭等小场景，着重引导学生做人、做学问。鼓励攀登等立意植物配置要根据地理位置运用如松、梅、竹、荷、兰、桃、李等有积极寓意的植物。把自然与人的精神境界结合起来，在欣赏自然美的同时，通过自己的体验、认识、理解获得精神上的超越并从中得到启迪，获得思想上的认识与提高。

2.时代特性：从表现形式上看，校园环境以清新自然、幽静典雅、尺度宜人为佳，最忌类似我国曾出现过的广场热、草坪热，大家盲目攀比，到头来不伦不类，毫无品位可言。校园内的休闲绿地在满足基本功能的前提下，易简不易繁，易朴素自然、色彩明快、构思巧妙，从造价上来说也比较经济，可行性强。同时考虑服务对象的要求，还应注意体现时代特征，运用现代的设计"语言"和材料表现主题，显现时代的风格。

3. 色彩和谐：校园环境应当是满目苍翠、鲜花盛开，以自然的色彩景观来消除学子们的各种压力。创造宜人的室外学习环境离不开绿化，尤其是合理地配置色彩。校园休闲绿地在以自然颜色为主的基础上还应注重体现自然美、艺术美和意境美。春天鲜花烂漫，夏天浓荫匝地，秋天丹桂飘香、层林尽染，冬天绿意盎然、寒梅傲雪。更进一步讲，在绿化配置上还应考虑能够体现春华秋实的校园精神。

（三）打造人文景观中的环境文化应遵循以下原则

一是美化环境，使校园环境更加精致宜人；二是赋予校园环境办学理念的内涵；三是实现校园环境个性化特色化；四是充分考虑校园环境与人的关系，让环境会说话，会育人，让环境与校园人充分对话，让环境灵动起来，最大限度发挥其潜在的育人功能。

（四）校园文化建设中的活动文化路径

活动文化是整个学校教育工作不可或缺的部分，它是对学校教育教学工作的有效补充形式，一所发展成熟的学校，应该具有自己的品牌活动，在构建校园活动文化时，必须注意以下几点要求：一是活动的品牌性，品牌活动的内涵异常丰富，它独立、个性、内涵，它能被师生家长社会广泛接受，它的带动推介宣传教育功能非常明显，它的社会声誉度知名度大、影响广；二是活动的完整性，这指活动是一个完整的整体，它也可以是一个完整的序列；三是活动的教育教学根植性，活动要根植于学校的教育教学中，它是学校教育教学生态的外显形式，它反推着学校教育教学工作的发展，活动与学校教育教学相生相融；四是活动的特色性，即某个活动在这个学校是独特的，是有个性的，它是基于学校的自我发展师生的自我成长而自然生成的；五是活动的经典性，每个活动都有它特别的自我之处，它是学校发展历程中通过师生共同培育历练而成。

（五）校园文化中的课程文化建设路径

教育应当尊崇学生的发展本性，让他们处于身心愉悦、心灵舒展、积极向上的生活状态。"课程文化"为孩子创造了人和谐、友爱互助、真诚相处的成长环境，让他们回归最本真的心灵状态、个性得到充分展示、灵性得到最佳发展。

1.激活学科课程，实现师生共同成长。课堂是师生相处相融、共同进取的主阵地。学校应将课堂定位于"学习主体和教学主体共同生长与发展的双赢教学生态。"课堂具有平等性、互助性、活跃性等特点：平等性是指课堂首先需要创设教师与学生、学生与学生之间相互尊重、相互理解、相互包容的对话平台；互助性，包括在课堂上"教学相长"的师生双向共赢，"相观以摩"的学生合作互助；活跃性是指教学的本义是人的精神生命的生成过程，课堂应该真正成为学习主体的不同思维得到迸发、碰撞、拓展的声场所，形成创新个性和创新才能所必需的学识、智慧、能力和人格的连续不断的积淀过程。三个特点表明了"人和课堂"既是促进学生生命发展的动态过程，也是促进教师专业发展的能动过程。

在这样的教学理念指导下，学校教育呈现出了充满智慧、异彩纷呈的课堂，让学生兴趣盎然，愉快体验，极大地促进了师生、学习之间的和谐融洽、共同进步。

2.丰富综合实践活动课程，培育学生的优良品质，为了让学生懂得会学习，培育学生与他人和谐相处的优良品质，学校可以设计以读经典国学、了解传统文化、讲历史故事等为内容的为"阅读活动"。以培养学生良好的行为习惯，加强学生行为意识为目的的形象设计；以锻炼学生合作能力、彰显个性特质为目的的一系列综合实践活动课程。

3.开发校本课程，促进学生和谐发展。为了学生身心的全面发展，学校应积极创建一批具有本校特色的校本课程：器乐课、形体课、书法课、陶艺课等。通过这些课程的开发，丰富校本课程的内容。比如，德育老师组织学生共同参与的"我爱长城、我筑长城"的陶艺课，师生们团结合作，和泥、做砖、为长城砌砖等等。通过这一活动，学生们学习、实践、体验、感情，文化精神在这里发芽，深深扎根在学生的心田。

社团活动也是培育学生科学精神的一条重要途径，通过社团活动为学生将来适应时代的发展打下坚实基础。如在传统科技活动基础上，可以成立学生植物研究、气象研究、环保研究、动物研究等多个兴趣性科普活动社团，为学生提供进行模型比赛、科学实验、劳动体验的航模池、车模道、气象站、实验田，鼓励学生从小亲近自然、关注科学、关注社会。

第四节 构建校园文化建设的基础工作

梳理学校的办学历史，从办学历史的演绎过程中提炼出学校沿革的校园文化，最终形成富有个性的独特的校园文化。文化只有在历史的演绎中才会慢慢积淀，校园文化更是如此，缺少历史的校园文化一定会缺少文化的厚重感，也会失去校园文化的独特的教育影响力，这样的校园文化就成了无根之木，例如，英国剑桥大学有七八百年的办学历史，学校陈旧的教学大楼、学校的一桥一水、一山一亭等就是它厚重的学校历史文化的象征。

倾力打造学校环境，赋予学校环境的人文价值和个性特征，让学校环境的潜在教育功能得到最大限度的发挥，使学校环境自然持续地发挥教育影响作用。学校环境的打造不要一蹴而就，他仍然有一个历史积淀的过程,在环境的营建中逐渐融入学校个性文化的内涵。这里,尤其要注重的是,学校环境不单单是指学校的场地、场所等看得见摸得着的东西,它还包括学校的人际关系、课程设置、社团建设等,学校个性环境的营建要与学校的制度建设、精神文化建设、活动文化建设等相生相融,交互发挥教育作用。

让广大师生家长共同参与,通过调查、研究、总结、提炼等方法,让他们共同总结提炼出校园文化。校园文化一定是师生家长广泛认同的文化,它必须要让所有师生家长能切身体会感受到,他们能自觉接受这些文化,校园文化绝不是凭空捏造的文化。应该讲,每个学校的环境,办学理念、教风、校风、学风、导风,制度体系,标识标徽等都是随着学校的办学历程逐渐在总结提高历练中形成的,它们都具有极强的个性特征,它们都要能被广大家长师生共同认可接受。

以发展的眼光构建校园文化,经常组织师生家长调整提炼校园文化,反思自己的校园文化,使校园文化更加接近学校的办学方向,更加显示自己的特色个性,更加的融入师生家长的心里,最大限度地发挥其教育功能。

第五节 校园文化在教育事业发展中的基本功能

校园文化是学校物质财富和精神财富的总称,它是社会文化系统中的一个重要分支。校园文化包括物质文化,精神文化、制度文化、课程互文化、活动文化等等,物质文化是校园文化的表层结构,是显形文化,精神文化、制度文化等在校园文化系统中属于隐形文化。

校园文化的积极建设是社会时代核心文化的一面镜子,能够反映社会文化的时代烙印。如果从文化是塑造人的媒体和中介来说,校园文化是对社会文化的选择、提升和进一步创造。校园文化建设受到社会文化的影响，尤其受社会核心价值观作用，校园文化也是一个复杂的文化综合体。

一、推动教育事业可持续发展功能

教育功能是校园文化的首要目的。学校是每个学生接受教育的组织单位，学校是教师们开展教学活动的核心场所，也是学生学习与生活的基地。良好的校园氛围和优雅的生活与学习环境，内容丰富的校园活动，满足学生需求的心理健康教育、法制教育、安全教育活动等都对学生产生有意无意的影响。1972年，联合国教科文组织发表的报告《学会生存——教育世界的今天和明天》中，提出了"培养完人"的口号，"把一个人在体力、智力、情绪、伦理各方面的因素综合起来，使他成为一个完善的人。"马克思关于人全面发展的学说和我国培养德、智、体、美、劳全面发展的社会主义建设者和接班人的教育目标，这些都表明学生需要全面的健康发展。其中校园文化的教育功能必将赋予和承担这一重任，学校是贯彻和实施我国教育目标的重要组织。学生德、智、体、美等发展是在学校教育中不断实现的，因而校园文化的教育功能尤为重要。

二、凝聚人心的功能

校园文化就是群体文化，是学校各个成员共同努力创造并共同认可的物质财富和精神财富。这种文化是适应主体内心需求的，是在社会时代和社会核心价值观的引导下，在教师的带领下，师生共建的物质文化、精神文化、制度文化与行为文化等的结合体。校园文化具有整体功效，能满足师生共同的文化趋同感，对文化的依赖性和价值追求。学校校园文化的凝聚功能体现在：领导与教师之间，教师和学生之间，学校内学习小组之间，校园活动小组，兴趣爱好小组等群体的亲密交流与合作；校园文化对师生具有强大的吸引力和感召力；师生对于校园文化的认可度和向心力。校园文化凝聚功能产生的基础：第一，学校能够为师生凝聚提供坚实的精神基础，包括目标，价值，理想，共识，信念等；第二，校园文化为有效解决校内矛盾和冲突提供了正确的准则和良好的气氛；第三，校园文化为师生提供了多种多样的获得心理满足的条件和可能。

三、师生行为的导向功能

校园文化中最深层的是核心价值观。核心价值观是校园内所有成员共同遵守与推崇的价值取向和行为模式，这对于师生的行为具有导向作用。校园文化的导向功能可以通过以下三个步骤实现，首先学校成员会根据社会或时代的核心价值观制定校园文化价值观；其次以此明确学校的目标和行动过程；最后确定相应的校规，校训，学校制度等。校园文化导向功能的内在机制，是个体文化与学校群体文化在活动中的同化和顺应。作为群体文化，校园文化既反映了社会特定时期的时代文化，也反映了校园文化主体的共同愿望。校园文化是在人类文化的基础上"去粗取精，去伪存真"，吸取各种文化的养料，根据学校特色和实际情况，将其纳入自身的结构体系之中，从而充实和完善自己。同时，作为校园文化的主体在校园文化的大环境下逐渐地转变、适应，把校园文化的精神同化为自己的思想行为和内在价值观。

四、教育教学中的创造创新功能

目前在社会经济急速发展的大数据信息时代，无论是国家还是个人都需要有创造意识和创造精神。创新是一个民族进步的灵魂，在21世纪知识经济时代，全新的教育就是培养学生具有创造性的个性品质。因此，校园文化建设中创新必不可少，培养学生的自主创新意识和创造性思维是校园文化建设的价值核心之一。校园文化的创造创新功能可以分为两种类型：其一，根据创新主体的不同分为以教师为主的创新和以学生为主的创新，以教师为主的创新是指教师个人方面的积极努力开展的创造性活动，包括创新性教学设计，教学形式多样化，校园活动的组织等；以学生为主的创新是指学生发挥主观能动性，自主探究学习方法，小组开展有意义的学习活动。其二，根据创新的对象分为校园文化内容创新和校园文化活动形式创新。校园文化内容的创新能够丰富校园文化建设，校园文化形式的创新能增加校园文化建设的活力和调动学校成员的创新积极性。

五、潜移默化的育人功能

（一）有利于陶冶师生的情操

优美的个性化的校园环境有着春风化雨，润物无声的作用，他能给师生以巨大的精神力量。师生在优美的校园环境中受到感染和熏陶，触景生情，因美生爱，从而激发师生热爱学校，进而热爱家乡、热爱祖国的高尚品德。师生在美丽精致的环境中学习，感到舒心怡神，沐浴在浓浓的校园文化氛围里，使他们的身心得到洗礼，思想得到升华。丰富多彩、健康高雅的校园文化，对低俗的非理性的文化及各种消极腐败思想也能起到很好的抑制作用，所有这些都有利于师生正确的世界观、人生观、价值观的形成。

（二）有利于规范师生的行为

健全的规章制度及健康的集体思想行为对师生的学习、生活及思想言行具有规范作用。当师生的思想言行不符合制度规范及学校基本思想要求时，他就会自我调节矫正。

（三）有利于培养师生的集体意识和协作精神

校园文化建设是以学校集体为单位，注意学校的集体形象。这就要求师生必须处理好个人和集体之间的关系，注意相互间的协作，必要时为了集体利益而牺牲个人利益，否则就会受到来自集体的人际压力。这种来自外部环境的压力和自身发展的需要都要求师生处理好个人和集体的关系，以建成一种友好互助的群体氛围。反过来，一个充满理想、团结友好的集体会使师生亲身感受到集体的温暖，体会到集体力量的伟大，从而树立个人要服从集体、严于律己、宽以待人的集体主义思想观念。

(四)有利于培养师生的健康个性，促进师生的心理健康

师生渴望精神生活的丰富多彩，而且不同的人有不同的兴趣爱好。系统的校园文化适应了师生精神需求的多样化、个性化的特点，避免了对师生人格塑造单一化的倾向，使全体师生找到了适合自己的内容和形式，并在校园文化的潜移默化中看到自己的价值，从而激发他们的自主性、自尊心和自豪感，树立一个真实、完整、积极的自我意象，形成积极向上的生活学习态度。在校园文化建设中，师生既是校园文化建设的主力军，又是行为主体，是校园文化的参与者和组织者。系统的校园文化既可培养师生的兴趣特长及创造能力，提高师生的动手能力，掌握多种技能，树立热爱劳动的观念，还可以磨炼师生意志，提高师生组织管理能力。

(五)对师生的激励作用

优秀的校园文化总是有愿景、有期望、环境舒畅、人际关系融合、生活朝气蓬勃。会激励师生开拓进取，不怕困难，追求卓越，努力把学校的各项任务完成得出色。全校师生有一种责任感、荣誉感，驱使他们努力教和学，不断创造新的经验和成绩。

(六)对师生的凝聚作用

校园文化形成了传统，就会成为一股无形的力量，引导着师生的思维方式、生活态度、心理情趣和行为作风。师生会自动地，不用思索地按照学校的思维去思考，去行动。

六、审美功能

人类是按照美的规律改造客观世界，同时也是按照美的规律塑造主观世界，学校教育应以美益智。卡巴列夫斯基说："科学和艺术是人的精神文明的两大基础，为了取得两者的平衡需要进一步完善我们的学校教育。如果缺乏这种平衡，它就没有资格称为普通教育。"审美教育则

是两者的支点。学校是人生发展过程中的重要阶段，应为青少年提供学习科学文化知识的机会，创造在音乐、美术、文学、体育和劳动技术等领域发展个性和才能的良好条件。创设参加集体活动，增进人际交往，进行语言交流，培养意志品质的场所。校园文化环境对青少年的成长具有陶冶作用。这种文化环境的熏陶不是被动的，强加于人的，而是通过耳濡目染，潜移默化的孕育出来的美好的思想情感。在学校教育中，一方面要为学生创设构建优美的物化环境，另一方面开展丰富多彩的活动，加强学生之间，学生与教师之间的理解与沟通，引导学生充分了解和体验生存和生活的意义，达到内心自我与外部世界的沟通，培养胸襟广阔，精神和谐，人格健全，能充分把握生命意义的人。

第五章 加强校园文化建设与特色学校构建

第一节 特色学校建设与多元文化发展背景

在全球化与多元化发展不断深入的今天，教育也深受影响，全球视野下的中国教育也在不断探寻本土化和多元化的特色之路。随着学校发展的深入，学校的发展和竞争只有在形成独特的文化特色的基础上才能取得优势，正所谓"一流学校靠文化，二流学校靠管理"。

有著名学者所言，建筑物立起来之后，你看不到它的柱子、横梁与钢筋，但是少了它们，建筑物将会倒塌。文化对于学校教育质量来说就是这样。

文化与教育息息相关。抛开文化，无法理解教育;抛开教育，文化也无由存在与发展。文化与教育的这种密不可分的"亲缘"关系，使得文化的深刻嬗变会在一定程度上引发教育上的振动与变革。而在现代社会中，多元文化虽然不像一些研究者所说的充满了各种亚文化与主流文化之间的对抗和冲突，但它确实已体现和渗透于社会的各个角落。正如联合国教科文组织用"多种文化的星球"来比喻人类文化的多元起源与发展一样，文化多样性的存在是人类文明历史的常态，而教育与学校也被深深地打上了多元文化的烙印。

随着社会文化由一元到多元的发展，多元文化教育影响的不断深入，学校系统的价值取向也在发生着变化。传统的价值观念逐渐由统一的、牢不可摧的转型为弹性的、复杂多变的，从而影响到原来的学校文化被分解、重组，吸纳新的文化元素，促进学校观念的变革。比如，

"理解、平等、对话"的世界主题延伸到师生之间,传统的"师尊生卑"的格局被打破,学生要求真正获得教育主体地位。网络时代的到来,启迪了学校开发"远程教学",举办"虚拟学校"的设想,超越固有的现实办学成为现实。这一系列呈现在学校面前的文化元素, 赋予了学校丰富的选择内容,学校不再满足于千篇一律的文化面孔,它们需要走出一条具有自我特色的道路来。学校外部文化还包括不同学校或其他教育机构带来的不同特色文化。由于教育类组织的公益福利性质,学校之间的竞争永远都是软性的。每所学校都希望赢得最好的社会声誉,吸引最多的、最好的生源,其竞争客体是人才素质、学校形象、师资力量等文化元素,所以,每所学校都必须树立起极具影响力的特色文化,以实现其发展目标。对于同一系统内的不同文化,学校组织应该以宽容的胸襟予以接纳,同时,学校也必须合理运用文化的选择功能,过滤其他学校文化中的不适应因素,以自身文化特色为主流文化进行创新。

而通过不同文化的整合,学校文化从文化演进的否定阶段经历否定之否定达到一个新的发展起点,形成新的文化特色。学校内部文化的碰撞与外来文化的冲击潜移默化地影响着学校成员的价值观念,通过价值观念又进而影响学校其他文化的发展。在学校组织中,文化的演进更新了学校成员的观念、心理和行为,同时也促使学校物质设施、规范制度的改进。这些文化要素的改变正是学校转变的重要系数,学校组织的发展实质是一种文化进化的现象,社会大文化的变迁形成学校内部文化的转型,而学校内部文化的转型则推动了学校各项工作的进展,进而行生出新的文化。

在多元文化的发展影响下,教育内部发生了巨大的变化,学校变革不断深入。而学校变革的不断发展,又出现了学校文化的不断融合与衍生,进而催生出新的学校文化,推动学校特色文化的建设。因而,学校文化的构建,学校特色的显现是学校变革的必然结果,也是学校变革的原因所在。

第二节 打造特色学校与学校文化精神的凝练

在现代社会中，多元文化的冲突、融合与价值选择已经成为每一个民主开放国家面临的重要问题。学校管理者如何在纷繁复杂、多元的文化背景下选择符合自身发展条件的文化元素，选择能够引导学校全体成员沿着符合价值主流方向发展的文化内容，在整体统筹的基础上，采取扎实可行的举措，为学校植入独具个性特色的文化内涵是特色学校建设的首要问题。

一、学校文化建构是特色学校建设成功的标志

在特色学校建设中，学校文化传统为其提供了生存的土壤和发展的动力;而学校文化建构则是特色学校建设成功的标志。学校特色是一所学校的整体办学思路在各项工作中所表现的积极的、与众不同的方面，它是一所学校积极进取的个性表现。从某种意义上说，特色学校之所以成为特色学校，就是因为它创建了一种独特、优质、稳定的学校文化模式。学校特色是学校文化的整体表现，是学校理念和精神由内而外的自然呈现与自然生成;是与学校文化的整体协调;是全体师生共同认可，并能够表现为师生基本行为的;是在学校氛围中能够感觉到，而不需要刻意讲解和阐述的文化精神。因此，建设学校文化就是形成学校特色，学校特色应是在学校文化建设过程中自然形成的文化、内涵和品质。

二、凝练学校文化精神是特色学校建设的核心

"规模巨大、功能复杂的现代教育，如果没有一个清晰的价值目标、崇高的教育理想，其现实的发展就有可能丧失意义和迷失方向，甚至沦为没有灵魂、见物不见人的'教育工厂'。"同样，作为承教育和学习任务的学校，也必须有一个清断的目标、崇高的办学理想，这才是

学校精神所在。

学校文化精神是学校文化的深层次表现形式，是指学校在长期的教育实践过程中，受一定的社会文化背景、意识形态影响而形成的为全部或部分师生员工所认同和遵循的精神成果与文化观念，表现为学校风气、学校传统以及学校教职员工的思维方式等，可以说是学校整体精神面貌的集中体现。

学校文化精神是学校文化的核心。比起物质文化和制度文化来，也是最容易被忽视的一方面。学校文化精神表现为精神化的生命意识，渗透于学校教育的各个方面。学校文化精神一旦形成，就会以强大的影响力规范学校教育的精神气质；学校文化精神的形成，也意味着学校的办学思想、教育理念成为全体师生的普遍自觉，就会体现在每个师生的价值取向、期望与态度中，并最终影响每一个师生员工的教育行为。其意义在于"它是一个基于现实并要求超越现实的指向性，这个指向性指导着人的全部实践活动"。

学校文化精神是学校不可动摇的文化理念，有了鲜明的文化精神，学校就具备了独特的教育身份，为学校特色建设指明了方向。"学校的建筑样式可以复制，环境设计可以复制，管理模式可以移植，但这些东西如果没有融入学校的价值观，没有体现学校的理想，就不可能生成新的学校文化，无法凝结为学校的精神，结果只能是东施效颦、橘生淮北了。"

三、以学校优质发展价值观建设为核心，凝练学校文化精神

任何成功的教育改革首先是价值观的更新，任何教育问题的困惑最终都表现为价值观的困惑，表现为一种价值选择的无奈与盲从。因此，学校特色文化建设的核心问题首先是价值观的建设，即对学校所面临的多重文化价值观进行澄清与重构。

学校价值观为学校的生存与发展确立了精神支柱。学校价值观是指

学校全体成员对学校客观事物与人是否具有价值以及价值大小的总看法和总观点，是学校文化精神的核心，它体现了学校的追求和目标选择，体现了学校全体领导者、管理者、教师与学生的最高理想和追求，是学校一切行为的内在灵魂。正如有学者指出："理解学校价值观是理解学校文化的一把钥匙，学校文化的建设，首先也许就是学校价值观的反思与重构。"因此，从某一方面来说，学校文化实质上就是学校价值观念的总和，是学校一切行为的逻辑起点，它决定着价值取向的内在依据，是激励学校全体成员进行教学改革的重要精神力量，对其他的教育观念有直接或间接的教育影响作用。

学校价值观作为群体价值观，本身也有两个层次，即学校核心价值观和学校基本价值观。基本价值观反映的是任何学校成员必须具备的行为和社交的最基本标准。核心价值观则规定了人们的基本思维方式和行为模式，是学校价值观的核心，是学校的文化基石。它是指导学校所有行动的根深蒂固的原则，是学校师生员工习以为常、一种不需要思考就能够表现出来的思想。柯林斯和波拉斯给核心价值观下了一个简洁的定义:核心价值观是固有的、不容亵渎的，是不能为了一时方便或短期利益而让步的。核心价值观作为学校为之奋斗的最高纲领，是一个学校独特性的源泉，是一个学校区别于其他学校的最重要的文化标志，是成功的学校应该小心保存和保护的精神灵魂。

学校价值观的形成需经过确立与培育两大环节，学校首先要明确自己的价值追求，然后在教育教学实践中培育学校价值观，也就是通过各种方式使学校确立的价值观深入全体师生员工心中，并最终内化为全体师生员工的价值观。在价值观的确立过程中，学校既要立足于自身的传统与现实，立足于教育教学实践，也要打开视野，眼光向"外"、向"中"，还要向"古"；既要充分发挥校长的文化领导作用，也要发动全体师生员工共同参与，提升全校师生员工对学校价值观的认同感。

学校文化是学校群体成员共同遵循的愿景、信念和价值标准，是学校最深层的、也是最高境界的管理。任何一所名校的学校文化都不是在一朝一夕中产生的，而是在长期积累的过程中不断积淀和生成的。特色学校的建设要求广大学校在多元的社会文化中认真选择、提炼，凝练独特的学校文化精神，积淀和丰富独具特色的学校文化底蕴，积极建构学校的特色文化，并最终展示出专属于自己的特色风貌！

第三节 特色学校建设与学校文化建构

"特色"是"事物所表现的独特的色彩和风格"，"特色学校"是指在先进的教育思想指导下，从本校的实际出发，经过长期的办学实践，形成了独特的、优质的、稳定的办学风格与优秀的办学成果的学校。学校特色化发展是时代的呼唤，是世界教育发展的趋势，欧美国家学校特色化发展所取得的经验和成果，充分说明学校的特色发展是提高教育质量的重要法则。而教育均衡发展这一全新教育发展观的提出，更为特色学校建设赋予了新的内涵。在特色学校建设中，学校文化的建构为其提供了生存的土壤和发展的动力；而学校特色建设的理性诉求也为学校文化建构提出了规定性的要求。因此，在特色学校建设中，探讨如何重塑学校文化具有重要的理论意义和实践价值。

一、特色学校建设中学校文化的内涵分析

20世纪90年代以来，我国学者对学校文化做了比较深入的研究，从不同角度、不同层次和不同要素对学校文化内涵做了较为细致的分析。以特色学校的建设为出发点，我们认为学校文化是学校所特有的文化现象，它是学校主体成员在学校长期实践过程中逐渐形成并共同遵守和享有的思想信念、价值信念、基本规范以及行为方式，并以体现这种价值

观的活动形式和物质形态为载体而客观存在。

学校文化的核心是价值观念。因为"做事方式中体现的对于某个问题的价值判断，我们称之为'内隐概念'。我们认为，这种内隐规矩和内隐概念才是文化真正、真实的内容"。因此特色学校建设的关键不在于有多么漂亮的学校环境、多么现代化的硬件设备，而在于学校文化的形成过程，在于全校师生所表现出来的价值观念。如果把学校文化比喻成一棵树，学校中具体的物质、制度、精神的状态是生命之树的叶子，学校中大多数人对待物质、制度、精神的态度和方式是生命之树的主干，学校文化的核心就是学校中大多数人的价值判断。

二、特色学校建设中学校文化的功能定位

研究表明，强大的、积极的、合作的学校文化将对学校的许多方面产生强烈影响，比如：学校文化促进了效率的提高和学校生产性的丰富，文化孕育了学校成功的变革和改进的努力，文化建构了教师、学生和行政人员的义务感和认同感，文化使学校成员、学生和团队的能量和活力得以增强……这里我们将着重探讨学校文化在特色学校建设中的主要功能。

（一）学校文化变革是特色学校建设的关键

特色学校建设是一项涉及学校整个系统的、全方位的学校变革活动。在这一变革中，学校文化起着关键性的作用。

西方有学者认为学校变革是个过程，包括"一套由学校成员主持的有计划的系统运动，改善学校教学及组织的过程，以解决学校的困境及问题，在个人、小组及学校层面上，可发挥最大运作效能"。学校改革涉及两个方面，即科技改革和学校文化改革，科技改革着重于维持学校运作及达到学校目标的手段的改革，如管理科技、教学科技、学校科技等理论与技术的改革。这种外显的改革被称为第一级改革，容易成功也容易分析。隐藏的改革则涉及学校文化，更难做到也更难分析，被称作第二级改革。由于学校文化决定着人们思考、感觉和行动的方式，因此正确理解和塑造学习文化是教师群体提升、学术成就提高以及学校走向成功的关键，学校文化就真正成了学校变革的"发动机"。

如果仅进行第一级的科技改革，而不涉及学校成员的价值信念的改变，变革将流于形式、流于表面，改革的结果要么无效、要么短效。当下特色学校建设中普遍存在的特色表面化、特色短暂化等问题正是由于学校的特色建设没有涉及精神层面和文化内涵，仅将特色建设集中在硬件建设、项目建设上，因此难以建成真正意义上的特色学校。

(二)学校文化传统是特色学校建设的条件与基础

学校特色的形成和发展是通过创新活动实现的，创新既意味着对原有教育思想和教育方式的改革与突破，也意味着对新的办学思想和教育模式的探索，是做学校以前没有做过的事或是其他学校没有做过的事。但这种创新并不是对学校办学传统的全盘否定，而是在对学校的办学传统有所继承的基础上进行的。

学校文化是学校在长期的教育实践过程中积淀而成的，学校文化对每所学校来说都是一种客观存在。但相对学校群体而言，每个学校又有自己的办学思路、办学模式、办学策略、价值取向与行为体系。建设特色学校，就是要创办文化上有自身特色的学校，这种学校在文化的各个层面：精神、制度、行为乃至物资设备上都或多或少存在着区别于其他学校的文化特征。不同的办学历史和学校传统，是形成办学特色的重要资源，不同的教育理解和教育哲学是形成办学目标、培养目标的基础，不同的社区、环境和背景会提供不同的教育教学生态环境和丰富多彩的课程与教学资源，不同的学风、教风、校风会造成不同的师生行为和人格。

三、特色学校建设中学校文化的价值选择

学校教育是在一定的文化价值观的指导下，按照规定的程序有组织、有计划、有目的地进行的。从根本上说，学校教育是通过对文化的传承、选择和创造来实现的。它摄取文化的精华作为教育的内容，提供适应社会发展需要的观念、态度与知识、技能，并通过一整套价值标准和评价手段进步保证和强化，以增强这种选择的方向性。现代学校文化的选择、批评与整合、重构功能在学校教有中起着越来越关键的作用。

　　在现代社会中，多元文化的冲突、融合与价值选择已经成为每一个民主开放国家面临的重要问题。学校管理者如何在纷繁复杂的、多元的文化背景下选择符合自身发展条件的文化元素，选择能够引导学校全体成员沿着符合价值主流方向发展的文化内容，在整体统筹的基础上，采取扎实可行的举措，为学校植入独具个性特色的文化内涵是特色学校建设的首要问题。

(一)学校特色文化选择的价值取向

　　学校特色文化的选择首先是一种价值观的选择，即对学校所面临的多重文化价值观进行澄清与重构。

　　学校特色文化选择的价值取向首先是合目的性。学校教育目的是对教育活动所造就的社会个体的质量规格的总体设想和规定，是教育活动所直接期望达到的结果。学校教育目的实质上就是对社会深层文化所作的选择。它把需要继承和发扬光大的一部分社会文化转化为对受教育者身心发展的期待，转化为对年青代的素质要求。可以说，学校教育目的的确定过程，同时也是文化选择的实施过程。今天是按社会发展以及人的全面发展特点来确定学校教育目的，即通过教育使受教育者的身体和心理得到全面发展，达到综合素质的提高。为达到使学生素质全面提高的目的，就应撷取能使教育者树立并形成正确世界观、人生观的文化，选择能使受教育者形成良好思维形式的文化。

　　其次还应考虑合规律性，提高选择的科学性与先进性。比如确立"为学生发展而教"的理念，选择符合学生身心发展特点、教育教学规律的学校文化，最大限度满足每个学生的不同发展需求，实现目的性与规律性的高度统一。

最后，作为特色学校文化选择最核心的要素是独特性。独特性的本质便是个性，是事物差异性的体现。一所学校之所以能够称之为特色学校即是这所学校能强烈地张扬出其鲜明个性，让人极易辨别。因此特色学校在具有一般学校共性的基础上，又有与众不同的个性，即"人无我有，人有我优，人优我精"的独特风格，这是特色学校的生长点，离开它则无特色可言。

（二）学校特色文化选择的出发点

1. 对本校文化的理解与评价。文化评价是对当前学校文化状况进行判断的活动，就是要根据新时代教育目标的要求，依照科学的方法程序，系统地收集有关信息，对学校的文化现象，文化活动，文化内容，以及达到目标的过程和社会价值进行判断，为学校决策提供依据。文化评价是特色学校文化建设的重要环节，目的是通过客观，实事求是的评价，弄清楚学校文化的状况，以便作出正确的决策。可以借助一系列测试工具的运用来理解学校文化的现状。比如对教师的集体调查可借助以下问题来讨论、发现学校文化的类型、学校文化中的积极和消极因素，学校文化的领域哪一方面最强？为维持提升这些领域做了些什么？学校在这些领域中面临的最大挑战是什么？作为一个学校共同体，能为解决这些问题做点什么？通过一系列调查，可以了解到学校文化的基本现状与层次，为下一步文化的建构找到切入点。

2. 关注学校文化发展的历史、现实与外围环境。学校特色是学校长期积累所形成的，是学校传统的重要组成部分，因此在特色学校建设中要求学校文化建设关注学校的历史传统、敬重学校的文化积累，回到学校的历史文化中重新发现、解读和构建学校思想和文化资源，使之符合时代精神和教育改革与发展的要求。每所学校在长期的办学过程中，都有不同于其他学校的历史，在历史的长河中必将积淀并衍生出属于自己的、深厚的学校文化。基于学校自身的历史文化底蕴，蕴涵着学校发展的机遇，学校管理者必须学会把握这种文化机遇，并由此形成鲜明的学校特色。

同时还必须从学校实际情况出发选择特色文化。特色文化不可能仅仅取决于校长或教师的良好愿望，还需要各种客观条件和机遇，更需要植根于其中的适宜的土壤，比如学校原有的基础条件、传统、校风、教师队伍素质、生源状况。远离学校实际、盲目追求所谓的高品位，只会把学校引入一条违反教育规律、强求"学校特色"的尴尬之路。

再次，关注学校的社区文化。社区文化包括地区特色、社会环境、社区成员素质和传统文化特色等，这是构建学校特色的"社会土壤"。社区的经济、文化和科技发展水平；社区的民风、民俗；不同社区或地区经济发展的不平衡，由此产生的不同的社区成员对学校教育的不同要求等等都对学校教育发生着影响。从一定意义上说，学校文化是特定社区生活方式的体现。因此，学校管理者要善于从众多的潜在的社区文化特色中寻求突破，拓宽"文化特色"建设的思路。

四、特色学校建设中学校文化的建构策略

(一)多主体参与建构

特色学校文化建设的主体是多元的，包括学校的校长、教师、学生、职工以及间接参与学校建设的专家、家长、社区人员等，他们各自发挥着重要的作用并承担着相应的责任，形成了一个建设共同体。

校长作为学校的领导者，也充当学校文化领导者的角色，也是学校文化的发展者和创造者。就学校特色建设而言，校长首先要有强烈的特色意识，所谓特色意识，就是教育工作者个体对特色教育活动的性质、结构、内容的理论认识水平。中小学创建特色学校的过程，是一个由潜在优势向显性优势转化的过程，在这过程中，校长的特色意识起着先导

作用。其次，校长要有独特的教育思想。教育思想是构成办学价值观的重要组成部分，它是形成学校特色的重要因素。独特的教育思想带有校长鲜明的个性特征，是校长多年办学实践中不断总结、提炼、概括的思想结晶。

教师是学校文化的主体更是文化的直接传播者。他们通过自己的教育教学活动与文化的继承和演变，实现学校组织文化的保持与改造。在特色学校建设中，需要增强教师对学校特色文化建设的紧迫感和使命感，促进教师在确立符合学校文化的教育价值观前提下，积极发挥个体特长，努力发展教学特色;在实现教师文化角色转变的过程中，使教师成为学校特色文化的主动建构者。

学生文化是学校文化的重要组成部分，它将体现学校独有的文化特色。学生虽然是生理、心理及社会意识等各方而都未成熟的个体，但也应充分尊重学生在发展中的主体地位。在充分分析学生发展潜能、个性特长的基础上，挖掘其文化创新的潜能，积极培育其文化判断力，引导学生构建健康向上、体现学校精神面貌的校园文化。

(二)多维度立体建构

学校文化是一个多维、立体的复合体，它由精神文化、制度文化和物质文化等多层面共同构成，因此学校文化的建构必须在多个层面、多个维度上逐步推进，协同发展，从而构成学校文化的整体。

开发特色课程。特色课程是学校特色文化形成的支撑。课程不仅让学生学到知识、掌握文化，更重要的是形成一种教风、学风、一种学校组织精神，课程"所蕴含的价值、精神、意义并不是直接灌输给学生的，而是在师生协商与互动过程中通过达成共识的方式而生成的。"在特色课程的开发、运用、评价等教育教学活动中，学校管理者、教师、学生共同探索、总结，既形成独特的教育教学风格，也成为学校特色文化的载体。

　　完善特色制度。学校制度文化属于学校文化的中间层次，它包括学校管理体制、组织机构与结构、规章制度，还包括学校在各项活动中的文化交往方式、礼仪与行为准则等。　在学校文化由浅层向深层、由外化向内化的过程中，制度文化是一种基本力量。科学完善的管理制度是办好一所学校，使其形成特色风格的保证。首先，以可操作性的语言将特色思想、特色内容和特色操作程序规定下来，形成制度，以保证特色发展的连续性，形成特色发展传统，使特色建设不至于由于人事的交迁而更改。其次，还可以围绕特色主题制订一系列新的特色制度，从制度上来规范和保证特色学校的建设。

　　塑造特色校园。学校物质文化属于学校文化的表层，它是学校文化的空间物态形式，又是学校精神文化的物质载体。学校的物质文化包括校容、校貌、校园建筑及各种设施等，它能使学生潜移默化地受到感染、熏陶和积极的暗示。因此，学校特色文化的建构必须赋予校园环境以文化的特质和教育意识，增强环境育人的功能。它包括学校文化标志系统，比如校徽、校服的设计，校歌的编创，学校、教室墙壁的设计，学校长廊、路标、奖牌、奖品以及校史的展示方式，校内媒体的设计，这些蕴涵着内在情感体验或视觉符号的学校文化元素会形成一种相对稳定的、特殊的"文化场"，使学校文化主体在体验中理解、接受并认同学校文化，最终共享学校文化。

第六章 校园文化建设个案解析

个案一重庆市渝北区新牌坊小学

作者曾于2009年至2015年担任重庆市渝北区新牌坊小学校长，其亲自参与并领导这所在改革开放中成长起来的新型学校的校园文化建设。不仅取得了办学的优异成绩，并有许多深刻的校园文化建设实践体会。

重庆市渝北区新牌坊小学建校于2002年，长期以来，学校致力于书法特色教育的思考与实践，现为教育部命名的全国规范书写教育特色学校，重庆市书法教育名校，基于此，学校逐渐凝练提升出了"书写人生，放飞理想"的办学理念。

一、学校文化系统构成要素摘要阐释

（一）办学理念：书写人生，放飞理想

诠释："书写人生"中的"书写"有两层含义，一使学习，二是书法特色教育，"书写人生"就是通过书法特色教育，为学生的人生奠基，通过书法的影响，致力于培养影响学生终生的一些优秀品质，如"持之以恒的品质""潜心静气的品质""专注专一的品质""刻苦认真的品质"等，使学生从小在学习书法中学会修身养性，这些品质一旦形成，将持久地影响学生的一生。"放飞理想"就是通过书法特色教育，帮助学生构建人生理想，促使学生为理想而奋斗！从而，使书法对学生的影响超越小学六年的时空，让书法贯穿于学生的整个人生。

（二）校训：以书载道，以字塑人

诠释：校训基于"书写人生，放飞理想"的办学理念，体现了学校的办学特色和育人目标。建校伊始，学校便以书法教育为突破口，争

创书法特色学校。"以书载道，以字树人"就是通过对汉字书写训练、书法教育来实现对学生的培养，传道授业，达到育人的愿景。"字如其人"，字的好坏可以反映写字人的精神面貌。书品即人品，书能言志，可以观人，写字是种智能活动，书法是一种艺术。在小学阶段开展书法教育活动，可以促进孩子大脑的发育，培养学生的爱国情操、审美情趣，净化心灵和踏实严谨的治学态度，提高道德修养等方面都将起着重要作用。学校重视书法训练，人人参与，注重习惯，以点带面，逐步提高，着眼校园文化，着眼课堂，落实于班级和课堂教学，成长于书法活动，保证学生写字教育的育人功效，彰显办学特色，以字立德，让孩子寓教于乐；以字启智，开启孩子智慧的天堂，以字修身，让孩子彬彬有礼，达到以字塑人的目标，把孩子塑造成一个大写的"人"，达到"规规矩矩写字，认认真真做事，堂堂正正做人"的育人效果。

（三）校风：写字立身，强能健体

诠释：人能写字，字能显人，端端正正写字，堂堂正正做人。"书写"具有"书法、学习、成长的"要义，"书法"为学校办学特色，"学习"为孩子在校的基本生活，"成长"为孩子们的发展目标，三者互相交融，就会成就人生梦想。"书写人生"是一个履历，过去如何"书写"？现在怎么"书写"？将来怎么"书写"？孩子的每一步成长都留有"书写"的足迹。把"书写"融入"人生"与"理想"之中，修身养性，强身健体，孩子们的"书写"就会焕发出生命的奇彩。

（四）教风：以书愉教，寓教于乐

诠释：创建"规范十特色"的学校，培养"合格十特长"的学生，乐教，乐学，是新牌坊小学教书育人永恒的主题和追求。这也是学校实施素质教育，狠抓书法特色，办人民满意教育，育有底蕴新人的要求。水色本清白，积深自成绿。撑一支长篙，向青草更青处漫朔，日久天长，就会"读"出感动，"写"出惊喜，谱出"文化与我同行、书法伴我成长"的人生乐章。

（五）学风：心领神会，写字尚美

诠释：明窗净几，笔墨纸砚，清风出袖，明月入怀，修身养性，稳健而行，含而不露，守望相助，陶冶情操，胸怀宽广，心驰神往，人生一乐。正是学校师生真善美的人生和教育理想。也体现了学校师生"心系书法情不减，享受快乐书万卷"的书写人生。书香滋润了孩子们的心田，传递着孩子们对真善美的追求。

二、校园文化系统架构简介

校园文化主题，即主题文化：墨香书影。它统领着学校的整个文化系统，是学校校园文化的精神和灵魂。

"墨香书影"是渝北区新牌坊小学的主题文化，学校的特色教育就是在这一主题文化的引领下实施的。其中，"墨香"主要隐喻学校主题文化的主要内容与经营方向，"书影"含有"书法、学习、人生、理想"四重要义，"墨香书影"是对渝北区新牌坊小学主题文化的一个形象性的概括，这一主题文化包括了五个方面的子文化系统，即：精神文化—环境文化—活动文化—课程文化—班级文化系统。

现对这五个子文化系统分别作简要介绍：

（一）子文化系统一：环境文化

新牌坊小学营建环境文化的主要思路是：

一是让学校精神文化显露于学校环境中。如：主题文化石、校训墙理念石、班级文化牌等。

二是以书法为元素对校园环境进行妆点。如：笔墨纸砚文化围墙、书圣厅、书法艺术长廊、中国印墙等。

三是利用中国传统经典文化要素对学校环境进行美化。如：三字经墙、圣贤壁、箴言牌等。

学校环境处处有文化、处处显特色、处处能育人！

渝北区新牌坊小学环境文化的内容包括：

1. 环境文化。以书法教育为特色，以"书写人生、放飞理想"为目标进行建设。如：校训墙、书圣大厅、书法长廊、中国印墙以及楼道文化。

2. 展室文化。学校建有书法作品展室、书法作品收藏室，以作品展览、收藏等形式激励师生奋发有为，认真踏实地书写自己的人生，构建自己美好的人生理想。

3. 活动文化。学校每年均举办书法艺术节和以学校名称冠名的"墨坊杯"重庆市优秀书法作品展，通过这些特色活动，推进学校文化建设。

4. 班级文化。学校的班级文化主要包括两个方面的内容：一是班级特色环境建设，包括班讯墙、荣誉台、书法作品展示框等；二是班级团队精神构建。如每个班级均设立了教师寄语，师生共同提炼的班训。

（二）子文化系统二：精神文化

渝北区新牌坊小学精神文化体系主要包括：

1. 理念文化体系。主要有：

办学理念：书写理想　放飞人生

学校校训：以书载道　以字树人

学校校风：写字立身　强能健体

学校教风：以书愉教　寓教于乐

学校学风：心领神会　写字尚美

构建学校理念文化虽然重要，但践行理念文化才是目的和宗旨，在践行学校理念文化方面，学校作了一些有益的探索与实践。如为了实践"书写理想、放飞人生"这一办学理念，学校在每届毕业生中实行了优秀书法作品收藏制度。这个活动对学生的影响是极其深刻的，它的影响超越了小学六年的时空，影响着学生的未来与人生，这就使"书写人生，放飞理想"的办学理念有了实际的教育行动作为支撑。

2.标识文化体系和唱传文化体系。标识文化是一种表象文化，此文化的构建，有利于凝聚师生的思想，激发师生的爱校热情、净化师生的心灵，激励师生的成长。基于此，学校构建了学校校标、校旗、班徽等标识文化系统和校歌、经典诵读课程等唱传文化系统。

（三）子文化系统三：活动文化

经过十多年的特色文化经营，目前，新牌坊小学形成了具有显著特色的、具有广泛影响力的三大书法品牌活动：

一是以学校名称中的"坊"来命名的"墨坊杯"重庆市青少年书法作品展，这一活动有效地推进了全市书法教育的开展。

二是毕业学生优秀书法作品收藏典礼活动，这一活动将书法对孩子的影响力延伸到了孩子的未来与人生，有效实践了学校的办学理念——让书法影响孩子的一生。

三是书法艺术长廊双年展，孩子们人人都希望自己的作品能进入长廊展出，一展就是两年，对于孩子来说，这是何等的容光与刺激励！这一活动对孩子们的学习与人生产生了非常强烈的积极的激励功能。

（四）子文化系统四：课程文化

以教育科研为引领，通过书法教育的实践总结，渝北区新牌坊小学探索提炼出了六种书法课程类型。书法技巧课、书法故事课、书法创作课、书法赏析课、书法应用课、书法感悟课。

1.书法技巧课：以书法基本技能的练习为主要教学内容，此种课型分散安排于小学的各年段中，但每个年段的教学目标、教学要求、教学内容是不一样的。

2.书法故事课：以书法故事为主要教学内容，是一二年级书法教学的主打课型，重在培育学生对书法的兴趣和爱好。

3.书法创作课：以尝试创作书法作品为主要教学内容，在创作书法作品的过程中培育孩子的书法兴趣，此种课型主要在小学中高年级开设。

4.书法赏析课：以书法鉴赏、欣赏为主要教学内容的课型，主要教学目标是提升孩子的书法审美能力，这种课型主要开设在小学五六年级。

5.书法应用课：以适用书法为主要教学内容，如教学生如何书写春联、对联，如何书写门牌告示等，使学生明白书法在日常生活中的广泛应用，此种课型主要开设在小学的中高年级。

6.书法感悟课：这种课型以挖掘书法对孩子人生发展的联系与影响为主要教学内容，重点引导学生在书法学习中思考人生，谋划人生，把书法与人的发展紧密联系起来，赋予书法以生命的意义与价值。开设书法感悟课主要基于对学校"书写人生，放飞理想"办学理念的实践性思考，这种课型设置在五六年级。

这六种书法课型，既是对中国传统书法艺术的学习和传承，又是对学校办学理念的实践。

（五）子文化系统五：班级文化

在班级文化建设方面，以学校"墨香书影"主题文化为统领，根据各班级的实际，从理想文化、人生文化、学习文化、习惯文化、特色文化等方面进行了构建，各班以班主任寄语、班训、师生影像、制度栏、特色展示栏、进步评比栏、座右铭等形式对班级文化进行充分诠释与展现。班级文化的主要物质呈现——班级文化牌！在各班班级文化牌上面，集中显示了根据班级发展目标、学校办学理念、书法教育特色等由师生自己提炼出的班训、教师寄语、班级师生合影等内容。班级文化牌集中展示了各个班级的个性文化和学校的特色文化，具有很强的文化育人功能。

三、对重庆市渝北区新牌坊小学校园文化构建模式的几点思考与评价

一是渝北区新牌坊小学整个校园文化系统的构建注重了"育人"这一核心目标，在构建校园文化系统的过程中，牢牢扣住了"书写人生，放飞理想"这一办学理念，整个文化系统的主题思想非常明确、清晰。

二是注重了文化构建与学校的办学特色、学生发展的有机结合，把办学特色融入学校文化构建之中，使特色、发展、文化相融相生。

三是渝北区新牌坊小学在校园文化构建中，把"班级文化"单独作为一个序列进行了有益的思考与探索，对于班级思想和个性的形成有一定的启示作用。

四是文化与文化各子系统的划分有交叉的情况，对有些子文化系统概念的内涵和外延把握有偏差。

个案二重庆市渝北区第三实验小学

作者现任重庆市渝北区第三实验小学校长，领导了该所学校的校园文化建设，取得了一定的效果。

重庆市渝北区第三实验小学建校于2001年，学校秉承"一切从微笑开始"的办学理念，进行了卓有成效的校园文化建设理论思考和实践探索。目前，学校是教育部命名的全国青少年篮球特色学校，重庆市中小学生合唱艺术团分团单位，学校在微笑教育的实践中，实现了高质量高品质的全面发展，学校的教育教学质量一直稳居渝北区城市学校的前列，学校的发展赢得了广泛的社会赞誉和认同。

渝北区第三实验小学在构建校园文化系统方面，从环境文化、精神

文化、制度文化、课程文化、活动文化等方面在理论和实践上做了一定的探索，并取得了一定的效果，现对学校校园文化构建架构、校园文化诠释及构建策略等做如下简介。

一、校园环境文化构建

渝北区第三实验小学在校园环境文化构建上注重了以下几个关键点：一是环境文化的构建紧紧围绕和体现"微笑"这一主题，"一切从微笑开始"是学校的办学理念，"今天，你微笑了吗"是学校的校训，环境文化构建的主题"微笑"就是从中提炼而出。"微笑"绝不仅仅是一种表情，它的核心是师生对生活、学习、发展、成长的一种态度，一种形态，一种行动，它是对师生情商品质发展要求的一种浓缩概括，就是说，师生在渝北实验三小的发展，除具有知识、能力的要求外，情感、情商的发展更是一个核心的目标，师生在校生活，他们做的每一件事，经历的每一个活动，遇到的每一个场景，都是以"微笑"开端，而又以"微笑"为目标结束，以此实现个人素质的健全发展。鉴于此，学校在营建环境文化时，都注重赋予每一处环境以"微笑"的元素，每一处含有"微笑"元素的环境，师生均能看懂、读懂，都能实现与"微笑"环境的和谐对话，如学校的"微笑"壁、校徽校标、校赋、校歌、校训石、长廊橱窗等等，都蕴含了丰富的"微笑"元素，师生在校园中看到的是"微笑"，感受到的是"微笑"，享受到的也是"微笑"，践行的也是"微笑"，他们以此在"微笑"中成长与发展。二是在校园环境文化中融进校风、教风、学风等其他子文化系统的元素，以学校的办学理念来统领环境文化的构建，使学校环境文化的构建呈现出鲜明的目的性、层次性。如学校三栋教学楼的命名：A楼为"悦心楼"，主要就读年级为低中年级，这部分孩子年龄小，需要从"悦心"开始，进行"微笑"教育；B楼为"怡情"楼，主要就读年级为中高年级的孩子，这部分孩子在"悦心"的基础上，进行"怡情"的培育与熏陶；C

楼为"修能"楼，主要安排的是学校六大功能室等，意在使孩子在"悦心""怡情"的基础上，在知识情感发展到一定基础后，进行个人能力的全面提升和综合实践锻炼。而"悦心""怡情""修能"均是在学校"一切从微笑开始"这一办学理念的统领下实施的环境文化构建，赋予学校环境以"微笑"的教育元素。三是以"开眼即教育"来营建学校环境文化，实现环境文化的校园全覆盖，让校园环境文化无处不在，让学校环境文化灵动起来，使人与环境有机交融，互生互长。"开眼即教育"就是指在学校的每一处环境，只要是眼光所及，就有文化，就能对人有所触动、有所教育，让人充分感受到环境的独特魅力与个性。如渝北实验三小在构建校园环境文化时，设立了校训墙、文化名人雕塑、"微笑"壁、学校精神文化橱窗、校徽图等，让学校环境自觉地诠释学校的办学理念，发挥其潜在的育人功能。四是校园环境文化的构建充分展示学校的办学历程和厚重蕴含，学校的校史陈列室、毕业学生优秀学习成果收藏馆、校歌校赋等，所展示出来的文字、标识、环境、成果等，都蕴含了学校的办学历程，都是学校每一个阶段发展成果的一种物化呈现。五是构建校园文化环境时，注重了师生的共同参与，把师生作为学校环境文化构建的主人（其他子文化构建也如此），每年，学校均利用一定的时间，发动师生寻找学校环境中的"不适宜区域"和"空白区域"，留出学校环境文化构建的空白，让师生共同来出方案，共同来设计，共同来构建，有些出彩的环境文化构建点，还以师生的名义来命名，让师生来营建自己的文化，享受自己的文化。

二、校园精神文化构建

校园精神文化是学校文化的灵魂，渝北区第三实验小学校园精神文化系统主要子系统及其要义、构建策略：

（一）核心理念：一切从微笑开始

诠释：一切从微笑开始，就是指学校一切工作以"微笑"为出发点，充分地尊重人、依靠人、发展人，实施最有亲和力的教育，促进孩子健康、文明、智慧、幸福地成长。对于学校，要求创造最绿色的环境，建设最宜人的设施，实施最快乐的教育，建设最美丽的学校；对于教师，要求用美丽的心灵、益人的思想、趣味的教法，愉悦的活动，做最幸福的教师；对于学生，要求在乐中求真、笑中至善、和中唯美，在行动中、快乐中实现自我成长，实现最快乐的童年。

1.借用了美好的词文本意

一切从微笑开始中的"微笑"一词，《辞海》释意为：一种表情，一种愉悦心情的外在表现，表现为不显著的、不出声的笑。微笑是人类最美的表情，从而派生为代表世界一切最美好的、最优秀的、最科学的、最健康的事物。一切从微笑出发，就是要求人人以追求"真善美"的价值观，乐着求真，笑着至善，和着唯美，打造一所"微笑"着的校园。

2.浓缩了博大的中华文化

中华民族是一个拥有五千年文明历史，崇尚和善的民族，"以和为贵、天人合一"是民族的主流思想，特别是十七大提出构建和谐社会、和谐世界的思想，更是把"追求和睦的家、和谐的社会、和平的世界"的价值取向推向世界，这是中华民族的精神瑰宝。一切从微笑开始，取意人与人之间要与人为善、和谐相处，这是教育的历史使命、社会使命、国家使命，也是教育的初心。

3.蕴含了先进的教育理论

"微笑教育"是20世纪意大利教育家蒙台梭利提出的，并被推崇为20世纪世界最成功、最先进、最科学、最完善的教育方式之一。一切从微笑开始，集中了我国《学记》的因材施教、教育大家孔子强调的有教无类、庄子提出的欣赏万物和斯宾塞的寓教于乐的教育、加德纳的多元智力论等现代教育思想精华，应该说，教育永远在路上，人生永远在路上，让我们保持足够的热情、信心，就会收获成功，收获希望，收获成功。

4.体现了育人的终极目标

在人们的潜意识里，总是渴望并追求着一种幸福的人生。从教育自身看，陶行知提出，生活既教育，叶澜也认为教育是一项直面生命和提高生命价值的事业。教育不是为了幸福而教，教与学也应该是一种幸福。在人们的心目中，对微笑的认可度很高，一个面带微笑的人，是一个有修养的、友善的、自信的、快乐的、幸福的人。所以，一切从微笑出发，就是在快乐中成长，在成长中追求更大的幸福，这符合人的发展规律、教育的发展规律、社会的发展规律。

（二）校训：今天，你微笑了吗？

"今天，你微笑了吗？"是一种真爱的表达和传递，一种导行的引领和提示，一种劝上的鞭策和鼓励。"今天"，表达"珍惜今天，活在当下；做好今天，成就未来"之意。"你微笑了吗"这一问，意为礼貌之问，关爱之问，平等之问，劝导之问，以问代训，彰显教育的民主与尊重，体现小学教育的主旨与方向，从而形成人人有礼，事事有力，处处有理的校园风尚。

提醒人人"有礼"。人无礼，无以立。礼是礼仪、礼是友善，礼是自信，礼是谦逊，礼是气质。微笑是现代文明的代名词，是发展的文化。以此作为校训，意在劝导每一个人都要讲礼貌，守礼节，遵规范，维和谐。劝导相互尊重，学会合作。

倡导处处"给力"。健康第一，我是唯一。健康的微笑才是最美的微笑，今天，你微笑了吗？意在倡导一种健康的生活方式，一种自信的休养生息，惜时如金，宁静致远，希望人人都拥有一幅给力的躯体，一颗强大的内心，从而促进学校每一件事情的圆满。

要求事事"求理"。有理而为，有理有为。要求人人学做真人，事事追求真理，凡事皆在情理之中。要求每天都有进步，不断历练自己的品质，不断积累自己学识，提高自己的分析真理、探索真理的本领；要求遇事要讲法理，摒弃蛮横，科学处理，做一名智慧生活的人。

（三）校风：**牵手EQ，笑声朗朗**

校风是一所学校各种风气的总和。是学校在办学过程中长期积淀而成的具有行为和道德意义的风气，是一所学校在办学过程中所形成的文化氛围，是师生员工言行举止的准绳和拼搏奋斗的精神支柱，是一种潜在的教育力量和精神力量，是全校师生行为规范、综合素质和精神风貌的展示，集中体现了学校的办学理念、育人方针、教育追求和办学特色，是学校品位和格调的重要标志之一。我校在"一切从微笑开始"的办学理念指导下，提出"牵手EQ，笑声朗朗"的校风，旨在改变当前重智力教育轻情商培养的教育弊端，培养学生健康的心理、健全的人格和友善乐观的心态，培养可持续发展的学习力、创造力，享有获取成功和幸福的一生财富。

1. 校风的文化解读

"牵手EQ，笑声朗朗"体现的是实验三小以爱悦纳、以情激情的精神风尚，表达的是实验三小做足情商、优情启智的教育追求。

（1）"牵手EQ"的解读

EQ，是情商的英文缩写，指的是情绪智力。最新的研究显示，一个人的成功，只有20%归诸智商的高低，80%则取决于情商。牵手情商能提高师生适应现代社会生存、竞争、发展的能力。只有牵手情商，发展智商，师生才能共同收获出彩人生。

"牵手EQ"倡导的是把情商教育作为学校全面实施素质教育的一个突破口、一个切入点，让学生的智能和EQ得到完美结合与优化发展。"牵手EQ"，要求学校和老师责无旁贷地担当起学生情商培养的主阵地和引领者角色。要将情商教育体现在学校工作的各个部分，渗透于教育教学的各个环节。要科学规划与打造微笑教育特色环境，研发和开设"情商教育"校本课程，积极探索和创建"微笑课堂"，建立和完善微笑管理制度体系。要求教师坚持学生主体地位，以主导者、引领者、同行者的身份，牵手孩子，教学相长，情智相拥，走向成功。

"牵手EQ"要求我们要合理对待自己。要自知，充分认识自己的情绪。愿意观察和诚实地面对自己的情绪，乐意通过与家人、师长、朋友等进行诚恳交谈，借助别人的眼光认识自己的情绪状况，用心感受和认识自己不同情绪对你所做的、或对他人做的事情导致的结果，认识情绪对自己、对身边人产生的影响。要自控，学会管理好自己的情绪。启迪师生要具备思辨的能力：世上没有不合理的现象，只有不合理的眼光。压力可以变成动力，烦恼也可以化为菩提。要始终关注生活的积极面，积极清除情绪的沙尘暴。告诫师生要进行理智的选择：人人都有不良情绪，关键是如何应对。远离产生不良情绪的现场，这是"避疗"；向朋友倾诉烦恼，这是"语疗"；分散注意力以转移情绪指向，这是"移疗"；凡事三思而行、谋定而动，这是"思疗"；在行善中体现价值，这是"善疗"；每天开怀大笑十次，这是"笑疗"。总之，要做情绪的主人，决不做情绪的奴仆！要自励，掌握自我承受挫折的能力。泰戈尔说："只有经历地狱般的磨炼，才能炼出创造天堂的力量；只有流过血的手指，才能弹出世间的绝唱。""不经历风雨，怎么见彩虹？"阳光与乌云，鲜花与苦果，机遇与挑战，成功与挫折都将出现在我们的生命中，要用乐观积极的心态面对挫折，须知"塞翁失马，焉知非福"，客观分析失败原因，合理释放心理，积极转移注意，点燃新的希望。

"牵手EQ"，要求我们要合理对待他人，要有同理心，培养理解他人情绪的能力。它表达的是三小师生要将心比心，用对方的眼睛来看世界，用对方的心灵来体验世界，站在对方的角度来换位移情。在教育教学活动和待人接物中都要做到：首先学会倾听，其次换位思考，再次识别情感。要会交往，培养良好的人际关系管理的能力。它告诉三小师生：首先，要学会真诚的赞美与欣赏，尊重身边的每一个人，悦纳身边的每一个人，关心身边的每一个人；第二，我们要培养团队精神，学会交流分享、善于沟通合作；第三，我们要努力提高自身修养和人格魅力，每个人都是微笑形象，每个人都是微笑名片，每个人都努力成为三小骄傲。

（2）"笑声朗朗"的解读

"笑声朗朗"感受的是三小人温暖如春的笑靥，倾听的是三小人真挚热忱的欣赏，展示的是一幅充满快乐的校园画卷，抒发的是一种活泼明亮的声音，传递的是三小人阳光积极的精神世界，咏叹的是三小人愉悦幸福的梦想旅程。

"笑声朗朗"是一幅画卷。一幅生动活泼，愉快学习的校园画卷；一幅笑对自己、笑对他人的真情画卷；一幅传递激情、传递真挚的温暖画卷；一幅唱诵经典、追逐梦想的幸福画卷。在这一幅幅画卷里，校园是美丽的，教育是快乐的，为师生搭建的成长舞台是活泼动人的；每位教师，用美丽的心灵、益人的思想、趣味的教法，愉悦的活动，享受着做最幸福的教师；每位学生，在乐中求真、笑中至善、和中唯美，在行动中、快乐中实现自我成长，实现最快乐的童年。

"笑声朗朗"是一种象征。象征三小人阳光的心态、愉悦的情绪、良好的素质、智慧的行为。象征教育不是牺牲，而是享受；教育不是机械重复，而是快乐创造；学海无涯不是"苦"作舟，而是"乐"作舟。它告诉三小师生要学会用幽默的眼光看待不愉快的事情；学会在困难中看到光明，在逆境中找到出路；学会悦纳自己，发挥自己的优长，激励自己的热情，开掘自己的潜能；学会用阳光明媚的内心去吸引和感染周围的人。学会自信、学会调节、学会宽容、学会接纳、学会豁达、学会愉悦、学会适时回避、学会投身自然、学会与微笑同行。

"笑声朗朗"是一种活力。它体现出三小师生主动地向往快乐，崇尚幸福，企盼意义和创造价值，展示出朝气蓬勃而富有活力的生命成长。笑声朗朗的三小教育就是充满生命力的教育，就是以人为本教育理念的践行和升华，就是关注每个教师的生命存在，关注每位学生的生命存在，做智慧教师，育阳光学生，建活力校园。我们追求的目标，就是让每一个学生成为有个性的自己，成为未来社会的有用之才。我们追求的本质，就是让一切教育资源与充满活力的学生相契相宜。我们探寻的规律，就是在实施教育教学的同时，让学生们充分享受属于他们年龄阶段的快乐幸福。我们充满活力的能源，就是发展师生的潜在创造力，充分开发师生生命活力资源，构造和谐的育人环境，实现教育的可持续发展，其教育起点便是关注学生、聚焦课堂，把教育的一切资源科学统筹，调动一切积极的因素，使学校充满激情，洋溢活力。

"笑声朗朗"是一种精神。它体现了三小人坚忍不拔、无畏困难的精神，乐观友善，笑面人生的精神。这种精神告诉三小人在教育路上、学习路上、生活路上总会遇到困难挫折，但我们坚定信念、坚持理想，相扶相助，微笑着勇敢无畏，充满耐性，能柔能刚，灵活应对，从容致远。

2. 校风的培育策略

为了使"牵手EQ，笑声朗朗"在全校师生中形成一种风尚，我们制定以下策略：

策略一："牵手EQ，笑声朗朗"的精神文化打造策略

发掘校风的文化价值，用文化经营学校，提升教师的价值追求，提升学生的人生目标。

（1）加强领导作风建设，提升管理效能。学校领导是校风存在的指导，良好的领导作风是一种无声的示范，可以感染教工和学生，带动好教风和学风的建设。一是加强干部理论水平和领导能力建设，二是加

强干部作风建设，三是完善民主监督机制，四是加强制度建设，确保干部队伍的执行力和公信力，保证领导班子的风清气正、务实精干、悦心能干。

（2）加强教风建设，提升教师价值追求。一是通过开展"微笑教师"评选活动，深入开展学生评教、社会评校活动，发挥家长委员会和教育行风监督员的作用，多渠道激励引领教师自觉加强师德师风建设。二是以教师的专业发展为基点，以六大行动"营造书香校园""师生共写随笔""培养卓越口才""聆听窗外声音""建设数码社区""构筑微笑课堂"为途径，引领教师过一种幸福完整的教育生活，将个人目标与学校目标相结合，建立有共同愿景、共同价值观的团队精神，让教师在悦纳自己的职业与团队协作中体味人生的价值，享受人生的幸福。

（3）加强学风建设，提升学生的人生目标。一是用"寻找身边的微笑天使"活动为载体，以爱国主义为核心的民族精神和以改革创新为核心的时代精神引领学生思想，以社会主义荣辱观教育为依托，将社会主义核心价值观融入德育和精神文明建设的全过程，内化为学生的自觉追求。二是重视学生的主体地位的发挥，倡导学生自我管理，自我教育，自觉成长。培养学生的创新精神和实践能力，组织学生参加社会实践，打开学生的视野，丰富学生的知识面，增强学生自主获取知识的能力。

（4）加强制度体系建设。一是建立"三主体评价"制度：着力研究我们所培育的学生特质，制订好相关的评选细则，亮出"微笑天使"；出台《渝北实验三小学生童心呵护条例》、制订《微笑教师十条建议》，推出"微笑教师"；继续组建好家长委员会，建立家长评价激励机制，出台《渝北实验三小微笑家长评选条件》，导出"微笑家长"。二是落实校园四节制度：亲子分享读书节、手脑并用科技节、亲子同乐体育节、七彩童年艺术节，不断创新活动形式和内容，巩固"微笑教育"成果。

策略二："牵手EQ，笑声朗朗"的环境文化营造策略

科学规划、完善设施、合理布局，以情商教育的实施为中心，加强人文环境的塑造，实现校园文化与情商教育的有机统一。

（1）打造怡情长廊。充分发挥学生的主人翁精神，在全校学生中征集情绪脸谱、情绪故事的美术作品、格言警句，装裱后张贴悬挂在教室走廊、食堂等公共场所的墙壁上、橱窗上，让学生识情绪、懂情绪、关注情绪。将校园里的一切事物，如花草、树木、门窗、楼梯、栏杆、水龙头、开关、桌凳、乒乓台、篮球架等等都由学生来撰写自白书、心情贴等等，让学生在尊重理解、友爱善良的氛围中怡情、激情。

（2）创设情商乐园。在校园设置情绪垃圾筒，情绪宣泄室，阳光小屋、悄悄话信箱、情感漂流瓶等，让学生在情商乐园中畅想和体验热情、善良、收获喜悦、快乐、感动、友情，感悟尊重、理解、宽容、乐观。

策略三："牵手EQ，笑声朗朗"的课程文化发展策略

用办学理念去统率和指导学校中的一切活动，从而形成一种具有鲜明理念内涵的文化整体合力，使之产生强大的教育冲击力。

（1）倾力打造《EQ百分百》校本课程，编写情商教材，让情商教育有计划、有系统地进行，让情商教育进课堂。

（2）倾力构建"微笑课堂"的情感课堂教学模式。在各学科课堂教学当中为学生营造一种情商教育的氛围，在学科知识的传授中有意识和有目的渗透情感心理品质的培养，评选"十佳微笑课堂"。

（四）教风：关注表情，微笑同行

教风是校风的重要组成部分，是一所学校重要的精神旗帜。教风的形成过程，便是教师品德与才干成长的过程，也是对学生成长的带动、激励和熏陶的过程。我校坚持以"一切从微笑开始"作为办学理念，目

的在高度重视智育培养的同时，关注学生情商的培养，还给孩子完整的教育，注重学生个性的发展，全面的发展，以及面对未来的发展。因此学校提出"关注表情，微笑同行"的教风，就是为了引导全体教师努力转变教育观念、更新教育方法，为学校特色教育的形成华丽转身。

1.教风的文化解读

"关注表情，微笑同行"描绘了三小教师用心呵护童年，用爱亲吻童真的美丽画卷；表达了三小教师关爱学生、细致入微的慈母情怀；体现了三小教师勤于思考、善于教导的智慧；展示了三小教师平等友善、睿智豁达的精神风貌。

（1）关注表情的解读

"关注表情"树立的是"以人为本"的教育观念。它告诉三小教师一切教育工作要以学生为本，一切教育行为要关注学生表情。学生的表情表达着他们的喜怒哀乐，讲述着他们的需求，呈现着他们的实情，隐藏着他们的秘密。这就要求我们蹲下身来观察、静下心来聆听，安下心来思考，从孩子的表情中寻找教育的方向，探索教育的智慧，实施教育的方略，追逐教育的梦想。

"关注表情"体现的是"以学定教"的教育思想。陶行知说：教的法子要根据学的孩子。我们就是要从关注表情开始，关注孩子的学情。通过表情，要洞察学生的情感波动，发现他们的求知欲是强还是弱，关注他们的学习过程是闷还是乐，了解他们的课后兴奋点是高还是低，这些都要作为我们开展教学的首要依据。透过表情，要掌握学生的学习状况，明确他们的知识储备，分析他们能力水平、知道他们的准备情况，从而进一步了解孩子的最近发展区，以学定教，为学生定制适合自己的教育，实现教育的最优化。

"关注表情"追求的是"发展个性"的教育本真。学生是一个个完整的人，是每个鲜活的有创造力的生命个体。关注表情就是要关注到每个少年儿童不同的身心特征以及个性差异，承认孩子的差异性，相信每一朵花儿都会开放。练就一双智慧眼，拥有一个宽容怀，洞察与接纳每位孩子不同的身心特征和个体差异，实施精准有效的助推行为，达到百鸟齐鸣、百花争艳的盛景。让每个孩子建立强大的自信，找到自己的不一样，肯定自己的不一样，发展自己的不一样，呼吸成长的自由。从孩子的表情中看到成长的热情与快感，以回归教育的本真，体现教育对生命的尊重，追逐教育的终极梦想。

"关注表情"要求三小的教师做到：有深情的目光，敏锐的思维以及亲切的慧眼。

（2）微笑同行的解读

"微笑同行"表现的是师生快乐同行的教育梦想。快乐是一种体验、一种过程、一种状态，快乐来源于彼此的默契与认同。快乐同行告诉我们，孩子们三小六年的学习生涯，得到的应该是无限的关怀：是老师主动的牵手，亲切的微笑，温暖的拥抱，耐心的讲解，真诚地沟通，及时的鼓励……教育路上，三小的老师才能享受那一张张快乐的笑脸：对老师的支持，对老师的理解，对老师的承认，对老师的欣赏。所以师生一路同行，是以诚相待、是友好相处、是和谐相依、是微笑相伴，这样的教育路程携手同行，彼此才不会孤单、不会寂寞，快乐同行，梦想就在眼前。

"微笑同行"呈现的是师生尊重同行的教育愿景。这种愿景启迪教师要有正确的学生观。要把学生当作朋友，要敢于打破"师道尊严"的传统观念，把老师自己放在与学生平等的地位，建立一种民主平等的师生关系；要把学生当在老师，意识到学生也是重要的教育资源，虚怀若谷，不耻下问，心悦诚服地向他们学习，并以此激发学生的学习兴趣；还要把学生当作同学，主动地与学生密切合作，共同探究，各抒己见，畅所欲言，在真诚交流、互相沟通及坦诚的碰撞中，师生间尊重之情自然流露。

"微笑同行"表达的是师生进步同行的教育追求。这种追求让我们明白，师生是共同的进步体。学生需要在知识上得到丰富，能力上得到发展，情商上得到培养，教师自身也必须具备广博的知识，谦逊的品德，超强而开放的能力，善于交流沟通的技巧。这就要求老师必须要树立终身学习的意识，不断更新自己的知识，摒弃头脑中的一些陈旧思想，学习新的教学理念，加强非智力能力培养的实践与反思，才能拥有无比丰富的教学经验，形成自己独有的教育智慧。

微笑同行要求三小的老师做到，要有无私的奉献、平等的心态以及不断地学习。

2.教风的培育策略

为了使"关注表情，微笑同行"在教师群体中形成一种风尚，学校制定以下策略：

策略一："关注表情，微笑同行"的精神文化打造策略

以德为首，努力加强师德建设；能力为先，有效实施素质培养，确保三小教师团队德才兼修。

（1）建设好学校教师代表大会制度，充分发挥教师的主人翁作用，实施民主管理。培养教师热爱学校、关心学校的热情，树立为学校发展积极出力的责任意识。

（2）在教学评价、德育管理、期末考核等方面建立一系列激励机制，弘扬正气，树立新风，使之成为促进全体教师积极工作，热心教育的正能量。

（3）筹建学校骨干教师工作室，聘请区内外学科专家有针对性地指导骨干教师（工作室主持人）开展工作，以点带面，促进全体教师对教学工作的重视。

（4）每年开展一次"微笑同行"的主题演讲活动，让教师们讲自

己的师德故事，宣传先进，展示榜样，树立正气。

策略二："关注表情，微笑同行"的环境文化营造策略

实施校园环境建设改造，加强人文气息的营造，建设好宣传阵地，占领良好师风形成的制高点。

（1）创建"微笑同行"校刊，开辟"关注表情""教学设计""教学反思""教学梦想"等版块，将教风的培育做细，做靓。

（2）开展"微笑教师"评选系列活动，每年评选"十佳微笑天使"。通过宣传栏、LED、画册等进行积极的宣传，并号召全体教师学习，鼓励教师成为最受学生喜欢的人。

（3）打造办公室文化。各办公室围绕"微笑同行"的教风提出办公室文化理念，打造文化环境，营建文化氛围，形成文化特色。学校每学期开展办公室文化创建竞赛活动，评选"微笑之家"办公室，让先进的文化理念引领教师们积极进取。

策略三："关注表情，微笑同行"的行动文化发展策略

（1）开展以"关注表情"为内容的课题研究，积极申报，以科研带动德育和教学工作，让关注表情、关爱学生成为工作的起点，成为教师工作的时尚。

（2）在三年之内与区内、外名校建立学校教学联盟，从教学、科研、教研等方面加强联谊，相互促进，相互借鉴，练内功、借外力有效促进学校教学水平的大幅度提升。

（3）每学期开展一次"微笑同行"教学技能展示活动，展示教师的备课、上课、各项教学基本功等，促全校各科课堂整体水平的提高。

（4）建立学校教育教学研究论文评选制度，鼓励教师提高学术研究水平，向专业化、专家型方向发展。

（五）学风：热情收获激励成长

诠释：学风是一所学校文化的主要体现，是一种巨大的精神和育

人资源，学风一方面体现着学生在校学习生活过程中所表现出来的精神风貌和行为风尚，另一方面也承载着学校校风活力和教风魅力的全面展示。

实验三小的办学理念是一切从微笑开始，聚力于培养学生的情商。在此理念下，学校学生文化的主题是"热情收获，激励成长"，它描绘的是学校学生对生活的热爱，对学习的热忱，对自己的珍惜，对朋友的友爱和对社会的责任的精神风貌。

1.热情收获的文化内涵

热情，体现的是参加活动或对待别人所表现出来的热烈，积极，主动，友好的情感或态度。它展现的是一种对人主动关心、主动帮忙、有如火般温暖的精神状态和积极力量。

收获，原指取得成熟的农作物，后来多比喻心得、成绩、成果等。如果说把学校、老师、家长对孩子的品德塑造、习惯培养、知识引领等的教育称为播种，那么孩子的成长愿景、精神呈现、品行修养、能力修为等等就应是收获了，在学校教育理念的引导下，积极、上进、文明、大气将是孩子收获的精神风貌，彬彬有礼、落落大方、多才多艺、遵守公德将是孩子收获的品能修为。

热情收获，体现的是一种积极、上进、主动、友爱的态度和情怀，它表达的是一种三小学生待人接物看待世界的价值观，既言行热情，又富有收获。它告诉三小孩子，要用灿烂的微笑妆点自己的言行，让自己的言行因微笑变得充满热情，因充满热情而富有积极向上的正能量，因富有积极向上的正能量，而收获喜悦、快乐、宽容、感动、友情、希望、成功、幸福等。

2.激励成长的文化内涵

什么是激励？美国管理学家贝雷尔森和斯坦尼尔给激励下了如下定义："一切内心要争取的条件、希望、愿望、动力都构成了对人的激励。激励表现的是人类活动的一种内心状态。"这种内心状态，可以对人的行动起激发、推动、加强的作用。

激励有内部激励和外部激励两种。内部激励则指自身的自我激励，外部激励则指外在环境和外在人物的激励。

成长，即为生理上的生长、长大和思想行为上的发展、成熟。

激励成长，体现的是一种激发、推动、促使人成长的一种力量和品质。它表达的是一种自信、豁达、淡定、乐观的人生观。它告诉三小孩子遇到挫折要善于激励，要笑对困难，要快乐成长，要健康发展。

热情收获，激励成长，三小师生是向上的、是自信的、是乐观的、是幸福的。

3. "热情收获，激励成长"学风的建设策略

策略一：确立全局谋划的顶层设计

学生的精神气质和品能修为，得益于德育的润物于无声。而树立全局谋划的德育顶层设计，既能很好地体现德育为首的战略方针，又能明确指明学生品德的培育方向。简单地说，德育顶层设计，要求我们要有整体性、全局性的育人方略。在学校，德育顶层设计遵循"养其大者成大人"的教育智慧，从以下三方面去谋划完成。

（1）明确德育目标

遵从"一切从微笑开始"，打造情商文化的办学理念，依据"培育情商智商协调发展的现代人"的培育目标，确立德育目标为：做有礼有爱，乐于交往的文明人；做自觉自信，乐观豁达的现代人；做尊重理解，激励责任的社会人。

（2）搭建三维结构

德育三维结构，即指根据学生年龄认知水平、教育空间和教育内涵建立的以时间维度、空间维度、内涵维度的三维结构。具体是：

时间维度：划分为一二年级、三四年级、五六年级。

空间维度：指学校、家庭、社会三结合的德育立体网络。

内涵维度：指学校办理理念、德育文化和德育模块。

（3）建构四方模块

指围绕情商文化，整合德育其他内容，建构如下模块：

德育实践模块：指社会实践活动、志愿者活动等。

主题德育模块：以情商教育为特色，融合习惯养成教育、传统美德教育、文明教育、赏识教育、感恩教育、爱心教育、责任教育等等。

德育课程模块：指学科德育渗透、开发校本课程——《EQ百分百》。

德育环境模块：指校内外德育环境。

策略二：营造润物无声的外部氛围

校园的每一个空间都应具备育人功能，学校的每一面墙壁，每一个走廊都要会说话，使学习生活在其间的每一位孩子都能发自内心地感到快乐，潜移默化地受到教育。

具体做法是：

（1）打造怡情长廊

充分发挥学生的主人翁精神，在全校学生中征集情绪脸谱、情绪故事的美术作品、格言警句，装裱后张贴悬挂在教室走廊、食堂等公共场所的墙壁上、橱窗上，让学生识情绪、懂情绪、关注情绪。将校园里的一切事物，如花草、树木、门窗、楼梯、栏杆、水龙头、开关、桌凳、乒乓台、篮球架等等都由学生来撰写自白书、心情贴等等，让学生在尊重理解、友爱善良的氛围中怡情、激情。

（2）创设情商乐园

在校园设置情商乐园，情绪垃圾筒，情绪宣泄屋，让学生在情商乐园中畅想和体验热情、善良、收获喜悦、快乐、感动、友情。在情绪垃圾筒和情绪宣泄屋中体验尊重、理解收获宽容、乐观。

策略三：建设富有特色的班级文化

（1）班级是学生成长的乐园

在班级这个大家庭中，环境对学生的发展会起到潜移默化的熏陶和感染作用。实验三小的班级文化建设着力体现一切从微笑开始，热情、收获、激励、成长的文化精髓，遵循学生的年龄特点和认知规律，从学生的需要出发，师生合作，创设环境，组织活动，形成独特的班级文化。具体做法是：

（2）约定一句班级格言

格言体现的即是班级目标。目标是前进的方向和动力。根据学生的年龄特点、班级特点和老师的特点，以开放式的思维，围绕"热情收获，激励成长"设计朗朗上口、震撼人心的班级口号，使之成为班级文化的核心理念，以增强班级凝聚力，树立目标感。

（3）创编一首常规儿歌

将学生在校一日常规，如按时到校、师生问好、课间休息、课前静息、课中学习、集会出操、午间就餐、放学路队等常规要求编成儿歌的形式，让学生明于要求、易于牢记、利于养成。同时根据学生学段要求，每学期或每学年进行更换完善，每学期定期组织常规儿歌表演比赛。以赛带训，以赛促习。

（4）制定一套班级制度

科学完善的班级制度是班级管理的缩影，也是班级有效管理的保证。一套科学完善的班级制度，既能约束学生活而不乱，又能促进学生的责任意识。将安全制度、纪律制度、学习制度、课间休息制度、与人交往制度、卫生劳动制度、中餐制度、课外阅读制度、评优评先制度、小干部竞选制度等纳入班级制度，形成涵盖学生学习生活的方方面面的制度体系，做到有章可循，民主有序。

（5）建设一种三会文化

三会文化指朝会文化、班队会文化及夕会（即每天下午的一日三省）文化。让每一个学生都有上台展示和出彩的机会。让每一次班队会都有一个德育主题和情商训练点。让每一次夕会都有一点收获和一些感悟。

策略四：开展善于体验的德育活动

一是全校性活动。

（1）牵手结新活动。每年9至10月开展认识新朋友的牵手活动。以班级结对的形式开展认新交新体验式活动。设计一系列体验游戏：如"团队任务"活动、"一日教师"活动、"爱心帮扶"活动等等，让学生在牵手活动中，锻炼与人交往的能力，提高与人交往的胆量和乐趣，形成换位思考互相理解的意识和落落大方的礼仪特质，以及乐于助人、友爱善良、民主责任的道德品质。

（2）行为银行积分活动。继续发挥微笑天使储蓄银行的激励作用，改进以往储蓄分值的兑换和奖励标准、增设情商内容，整合梦想积分体系，形成新的微笑天使梦想储蓄积分兑换体系。此活动是一项帮助教师正向强化学生良好行为、培养孩子良好行为习惯和心理品质、激发孩子学习和交往能力、激活孩子情商潜能、激励孩子自主成长的有趣味有意义的活动。具体做法是：

第一步：打破学科教师界线，教师全员参与，根据学生在校学习、生活的常规要求、习惯要求、文明交往要求、心理健康要求等内容，列出学生日常行为的梦想储蓄项目，之后再根据项目内容为学生列一个"行为分值清单"。教师根据学生行为的重要性程度、完成难易程度赋以相应的分值。

第二步：为学生建立一个"储蓄积分兑换十级标准"。学校根据学生列出的和自己开列的奖励物条目，把它们进行整理并分类，根据得到奖赏物的代价高低、难易程度予以估定分数。教师在为学生发放积分时，要注意把物质激励与精神激励手段、情感激励相结合，正确引导学生的需要，让学生不仅关注物质需要满足，还要促使学生的需要不断从物质需求向精神需求发展。

第三步：制定积分发放方法。分为教师发放法则、行为存储和活动获奖发放法则两种。

教师发放法则为班主任和学科老师全员参与，人人有权发放积分卡。班主任每学期有100张兑换券，科任教师60张，分为友爱奖、乐于交往奖、自信奖、善解人意奖、情绪主人奖、学习奖，守纪奖、劳动奖、雷锋奖，文明礼仪奖、创新奖、班级学校争光奖等。积分具体发放办法，由各班班主任和学科教师根据学生在课堂上、在学习生活中的过程性评价，制定积分的发放标准。

第四步：操作执行，兑现奖励。根据储蓄积分发放标准和十级梦想储蓄标准，老师就可以操作执行了：学生每表现出老师期望的良好行为，就根据积分发放标准发给学生孩子应得的积分卡。学生累积自己的分数，每学期期末学生分数达到兑换条件时，学生就到学校兑现相应的奖励。

（3）分级性活动。结合校本教材的研发，1至3年级开展情绪识别和准确表述自身情绪、怎样认识结交新朋友，怎样表达关心、爱心的课程训练；4至6年级开展同理心、做情绪的主人的课程训练。同时再根据课程设计开展分段的实践活动。

二是自主申报活动。

各班级可根据结对情况、情商状况、利用周末、课辅时间、寒暑假自主申报灵活多样的活动形式，如联合家委会可申报组织亲子农家游活动，社会实践活动、爱心帮扶活动及游学活动等等，充分让家校联合，让孩子亲近自然、走近社区，得到情商的培养和品行素养的提高。考虑到激发班主任的参与和组织热情，可将此活动的组织与开展纳入班主任考核、晋职晋升和评优评先的工作，以确保此活动能得到良性健康地开展。

策略五：建构易于操作的评价体系。

学生评价是学校教育评价的核心。评价的根本目的是促进教育对象生动、活泼、主动地发展。结合学校情商文化的校园文化和热情收获，激励成长的学生文化，根据评价方式多元、评价主体多元、评价内容多元的原则，制定微笑天使储蓄手册，实施学生的综合素质评价。从而引导学生向着文明、上进、乐观、自信、尊重、理解、友善的方向健康成长。

（六）校徽：欢乐成长

诠释：以"笑脸"为校徽、校旗的主要图案，表现了学校微笑教育的思想（校徽等的图案略）。

第一，以笑脸为基本构图。微笑是人类最美的表情，代表真善美，代表乐观、积极、向上。笑脸是"一切从微笑开始"办学理念的直观反映。而一张笑脸代表学生快乐学习，幸福成长；第二张笑脸作为陪衬代表教师，甘为人梯，敬业奉献，倾注自己所有的光和热去照亮学生，温暖学生，成就学生的闪耀人生。

第二，以三原色为造型组合。为什么是"三"？一是取自"实验三小"中的三，二是取意"三人为众"，代表大家、全部、每个人，人人平等，这是一个和谐的大家庭；三是取意"三生万物""举一反三"，代表尊重人的个性特征，尊重事物发展的客观规律，促进每个人的个性发展与潜能开发；四是取意"三原色可以混合出所有的颜色"，红、黄、蓝三种独立的色彩意指每个孩子都是独一无二的珍贵个体，每个孩子的童年也如三原色，寓意通过微笑教育致力于成就每个孩子五彩缤纷的未来。

（七）渝北实验三小校赋：微笑与成长

1.内容

微笑与成长相生成趣，园丁同幼苗芊柏生莛！三小行来，杨帆启航！

活力三小！坚实起步，征程从容；琢玉成器，志存鸿鹄。

魅力三小！园丁耕耘，风华岁月；学子悦读，微笑前行。

狂童玩球发渝州，孺子放歌映巴蜀！老师勤躬耕，学生绘蓝图！历史犹在，辉煌永续！。

一年、两年、十几年、若干年！一岁莫叹短，十载不为长！校园特色荡微笑，园丁呕心铸辉煌，少年笃学立壮志，三小宏图耀朝阳。

悠悠岁月，历练成璃！

2.渝北区第三实验小学校赋解读

在渝北实验三小，"微笑"和"成长"相辅相成、水乳交融，园丁和幼苗在这片肥沃的土地上愉快地耕耘，茂盛地生长！渝北实验三小，从办学以来，正以昂扬的姿态杨帆启航。

充满活力的渝北实验三小，起步稳健，发展良好；学校立下了琢玉成器的鸿鹄之志。

充满魅力的渝北实验三小，教师一心辛勤耕耘，耗尽了自己的风华岁月；学生快乐的学习，不断地成长发展。

渝北实验三小的一个个生机勃勃的孩子，把"球"玩向了渝州（学校现为教育部命名的全国青少年篮球特色学校，学校男子篮球队曾获重庆市小学生男子篮球比赛冠军），而他们的歌声唱响了巴蜀大地（学校学生合唱队曾获重庆市的合唱冠军，学校学生合唱艺术团现为重庆市中小学生合唱艺术团分团单位，每年享受专项经费补贴）！在这里，老师们乐于耕耘奉献，学生孜孜不倦地描绘着未来的美丽人生蓝图。历史的业绩历历在目，学校还将不断地创造出未来的辉煌！

　　渝北实验三小从开办学校到现在走过了十几年的发展历程，未来的路还很长。因为老师们呕心沥血的耕耘，孩子们志存高远、笃学上进，不断历练丰富着学校"微笑"教育的内涵，铸就了学校"微笑"教育的特色。

　　悠悠岁月，一定会琢玉成器。

　　渝北实验三小赋是以散文的形式呈现，她线描似的展现了渝北实验三小的发展历程，也对渝北实验三小美好的未来进行了展望，她高度浓缩地彰显了渝北实验三小的突出办学业绩和特色，更显现了学校、师生稳步前行的良好态势。

三、校园制度文化构建

　　在校园文化分类上，有的把制度文化纳入在精神文化内，在渝北区第三实验小学，制度文化进行了单列分类，因为渝北实验三小在制度文化的构建上基本形成了独立的完善的系统。

　　校园制度文化是学校一切工作的保障，它的建设水平标志着学校的治理水平的高低。在渝北实验三小，校园制度文化构建分为五个层级：

　　第一层级：学校发展规划层级制度设计。

　　这主要指涉及学校贯彻教育方针、办学方向、培养目标、发展规划等方面的制度体系，这个制度体系的方向性政策性很强，在执行上义不容辞。构建学校发展规划方面的制度体系，其主要的依据是：党和国家的教育方针，党和国家不同时期尤其是近期重大的教育政策，涉及教育方面的法律法规等。涉及学校发展规划方面的制度，需要学校的顶层设计，需要专业化队伍的参与，要对学校的未来发展进行长远谋划，它关系到一所学校如何贯彻党的教育方针、向什么方向发展、培养什么样的人等重大问题。在这一层级的制度体系中，渝北实验三小构建了《渝北实验三小学校章程》《渝北实验三小长远发展规划》《渝北实验三小五年发展规划》学校工作计划等。

第二层级：学校治理层级制度设计。

"学校治理"是指学校各个层面的机构和人梳理、引导、协调学校共同事务的诸多方法的总和，是使相互冲突的或不同利益得以调和，并采取联合行动的自觉、协调、持续过程，这既包括用权力疏导、协调、引领师生服从的正式制度和规则，也包括师生员工同意或符合其利益的非正式制度安排。

简单地说，治理就是秩序加上某种意向性，它可以分为平行治理和垂直治理。管理带有更重的强制性，而治理则更强调自觉性和协调性，强调通过梳理、引导、协调达到管理的效果。

治理有如下四个特征：

治理不是一整套规则，也不是一种活动，而是一个过程；

治理过程的基础不是控制，而是协调；

治理既涉及学校各处室、部门，也包括师生员工私人；

治理不是一种正式的制度，而是持续的互动。

治理的基本要素是：

参与和透明；平等和诚信；法制和负责任；远见和成效；共识；效率。

渝北区第三实验小学涉及学校治理方面的制度非常全面广泛，通过这些治理制度的构建与施行，学校得到了科学全面的发展，以下简单列举学校的一些治理制度：《渝北区第三实验小学行政会议事制度》《渝北区第三实验小学"三会一课"制度》《渝北区第三实验小学教代会议事制度》《渝北区第三实验小学重大事项议决流程》《渝北区第三实验小学党总支与行政协调机制》等，这些都是属于涉及学校治理层面的制度安排。

第三层级：学校管理层级制度设计。

与治理相比，管理要低一个层级，管理更具有强制执行性，它蕴含的权力和人的因素更多更重。治理是学校在管理过程中追求的目标，但一所学校，是不能完全离开管理的，治理与管理要相互融合，通过治理管理，促进学校的全面发展。渝北区第三实验小学在管理层级，设计并实践了一系列的制度，如《渝北区第三实验小学教师聘任制度》《渝北区第三实验小学教学常规管理制度》《渝北区第三实验小学奖励性绩效工资分配方案》《渝北区第三实验小学师德师风考核办法》《渝北区第三实验小学安全责任追究制度》《渝北区第三实验小学财务管理制度》等，这一系列管理制度的构建，有效有序推进了学校的教育教学工作，确保了学校的教育教学质量。

第四层级：学校具体事务推进层级制度设计。

一所学校，有许许多多的具体事务，要落实这些具体事务，必须要有规范全面的规定要求措施来予以保证，而这些具体的规定要求措施，它与学校的其他管理制度相比，其特点是：灵活、具体、可操作、短效。渝北区第三实验小学在这一层级的制度设计上也做了大胆的探索与实践，形成了自己的体系，切实保障了学校基础工作的有效开展。如《渝北区第三实验小学教研工作制度》《渝北区第三实验小学调课代课制度》《渝北区第三实验小学集体备课制度》《渝北区第三实验小学校园车辆运行管理制度》《渝北区第三实验小学安全隐患排查制度》《渝北区第三实验小学学生错时离校制度》《渝北区第三实验小学财务收支审批制度》等。

第五层级：体现学校个性特色层级制度设计。

渝北区第三实验小学规模大，师生员工多，在管理制度的构建上，学校充分考虑了师生员工的具体实情，构建了一系列的体现对师生员工人文关怀的制度，如《渝北区第三实验小学教师短暂离校不计假制度》《渝北区第三实验小学教职工生日假制度》《渝北区第三实验小学女职工哺乳假制度》等，这些个性化制度的建立，使师生员工工作、学习、生活、成长得更愉快、更舒心。

综合观察分析渝北区第三实验小学的整个制度体系，有以下一些特点值得借鉴：

一是制度具有了丰富的文化内涵。有体系、有层次、有内在灵魂联系，初步形成了制度体系的主题思想：从学校的实际出发，促进学校全面发展，学校科学治理体系逐渐形成，在制度体系中有意识地实践着"一切从微笑开始"的办学理念。

二是学校在构建制度体系的实践过程中，注意了制度的产生、沿革、弥新。每一个制度都有自己的产生原因、革新历程、治理方向，制度体系实现了面与点的结合，从全面规范的制度体系构建，可以看出学校不懈的科学治理追求。

三是学校的制度体系充分体现了"刚性"与"柔性"的结合，体现了学校管理者从"人制"到"法制"的管理追求。学校的管理制度、治理制度等，体现了制度"刚性"的一面，而学校的个性特色制度，则展示了学校制度"柔性"的一面，充分体现了制度中蕴含的人文关怀特征。

四是学校制度体系体现出比较明显的全面性和实效性特征。从整个制度框架的构建和各个层级的制度设计来看，学校的制度体系基本涵盖了学校教育教学工作，在学校治理中做到了"有法可依"，学校的每个制度都有自己的设计意图和适用范围、执行规则、沿革变新，注重了制度的适用与实效。

五是学校制度的制定注重了合法性和代表性

学校的制度制定和变革，基本经历了教职工讨论、教代会决议、党总支会研究、行政会研究等环节，充分代表了学校的民意，体现了学校追求"法制"的自觉。

四、校园活动文化构建

教育活动是学校课程的有效延伸，教育活动的有效开展，有利于构建团队精神，促进师生的成长和学校的发展。一般来讲，学校教育活动，应具有如下一些特点：

课程性特点：一个成熟的教育活动，它本身就是一个课程，课程所具有的所有属性都蕴含在教育活动之中，它是课程的延伸与补充，它是课程的另一体现形式，所以也有活动课程之称谓。

活动性特点：教育活动，首先它是一个活动，它有别于课堂教学，在时限空间形式的要求上它比课堂教学更加灵活。它可以打破班级、年级、学科、校内校外的界限，以自己独特灵活的方式予以展现。

教育功能多样性特点：教育活动不像一个课堂，教学目标具体、明确，方向感非常强，教育活动传递的教育功能往往更加多样化、具有扩散性。它培育的是兴趣、爱好、特长，它重在知识的综合实践运用，它展现的是参与者的综合素养和团队协作精神，它是在"锻炼""实践""活动"中成就能力，达成教育目标。

系统性特点：一个成熟的教育活动，它一定是自成体系的，它有自己的组织系统，自己的实施形式，明确的教育功能。

品牌性特点：活动要精，要有个性，要有特色，它是通过师生的无数次教育实践逐渐提炼出的，它具有广泛的影响力，一个活动就是一个品牌，它彰显的是学校的育人个性与特色，它体现了一所学校的综合教育实力。

鉴于上诉的一些思考，渝北区第三实验小学经过十多年的实践探索，逐渐历练出了自己的教育活动体系。从时间上看，渝北实验三小的活动涵盖了一年春夏秋冬、每学年上下两期之中，做到了期期有活动，季季有活动；从活动的内容来看，渝北实验三小的活动，涵盖了学生成长、教师发展的方方面面，涉及了知识、技能、实践、探索、兴趣、特长等，包括了语文、数学、音体美等各个学科；从参与的面来看，渝北实验三小的活动，每次都为全校师生提供了活动锻炼的机会。

下面，对渝北实验三小的一些品牌教育活动做简要介绍：

微笑天使储蓄银行活动：微笑天使储蓄银行是渝北实验三小经过近十年时间在大量的实践探索中历练出的一个德育品牌活动，这儿的储蓄银行，不是储蓄货币，而是储蓄各种良好的品德素养和行为习惯。储蓄要求具体涵盖健康的"生活习惯和良好的心态"，文明的"礼仪要求和习惯训练"，智慧的"益智品格和成长品格"，幸福的"理想和生命教育"等等，引导孩子将这些健康、文明、智慧、幸福的行为习惯当成"资金"一样储蓄起来，最终零存整取为终身受益的良好品德和行为修养。

微笑天使储蓄银行活动在实施上分三个层级：

第一个层级：积蓄奖票。每周发放一次"文明""学习""幸福"储蓄奖票，每个班级的学生在对应的版块存储的分值较高或者进步明显就可以得到对应奖票一张，每周每生只能获得一张奖票。

第二个层级：榜样标贴（德行光荣卡）。每生累计获得第一层级的两张奖票，就可换取一张德行光荣卡及一个榜样标贴。

第三个层级：个性奖励。累计获得两张德行光荣卡就可获得学校的一张奖状，并取得一次个性奖励的机会，如：和校长共进午餐、和喜欢的老师合影、免做一次家庭作业、调换一次位置等。

通过层层储蓄，不断促进孩子进步。

此外，从实践学校办学理念出发，历练而成的渝北实验三小"微笑四节"活动：

"悦读悦美读书节"活动：此活动基本延续了每学年的整个秋期，包括高年级对低年级的引读、父母同读、晒书房、课本剧表演、演讲、课外读本交流超市等活动。

"手脑并用科技节"活动：此活动以培育学生的科学素养为核心，包括机器人制作、无人机比赛、科创论文、小发明等活动。

"亲子同乐体育节"活动：此活动以增强父母师生的情感交融、探索家庭教育和学校教育有效结合的途径为目的，整个体育节活动时长达两个多月，家长与孩子共同设计，共同参与。

"七彩童年艺术节"活动：以展示师生艺术特长、爱好、个性发展为主要目标，活动涵盖舞蹈、绘画、合唱、主持、古筝、足球、篮球等，学生全员参与展示，学校进行成果收藏。

微笑四节的开展，不断丰富着孩子的七彩童年，助推着孩子的人生腾飞！

五、校园课程文化构建

校园文化的构建中，课程文化是基础和核心，它代表着一所学校的发展潜力和内涵，它也决定着一所学校的教育质量和特色个性。渝北实验三小在构建课程文化上做了大胆的探索与实践，取得了一定的成效，归纳起来，该校的课程文化涉及以下几个方面：

一是社团构建。教师们根据自己的学识方向和爱好特长，向学校申报需组建的社团，拟定出社团的训练方案，学校进行评估确认，最后社团训练成果需经学校考评验收。目前，渝北实验三小组建了合唱、篮球、足球、机器人、绘画、书法、奥数等社团，学校男子篮球社团的队员在重庆市的小学生篮子比赛中曾经获得冠军，学校被教育部命名为全国青少年篮球特色学校，学校的合唱团为重庆市中小学生合唱艺术团分团单位，学校的社团教育成果显著。

二是微笑早间。每天，利用学生刚到校的十五分钟，以"微笑"为目标的早间教育与训练，每个微笑早间，有自己独立的内容和训练目标，有自己的微笑早间教材，意在培育学生对生活、学习、未来发展的一种正向的乐观阳光的态度，提升其情商品质。

三是课辅走读。每天下午第三节课，以年级为单位，根据教师特长、学生爱好、年段特征及发展要求，设计了年级学生走读选班的课辅课堂，学生像大学生一样，在这一节课，可以根据自己的需求爱好，选择老师、选择课堂、选择自己喜欢的内容进行学习，以达成全面发展、个性发展的育人目标。

四是主题教研。以学科、年级为单位，根据教学实践中发现的典型问题，筛选提炼出每个年级每个学科存在的典型问题，然后通过研究、课堂实践验证、提炼总结、运用验证等环节，最后达到解决问题这一目的。主题教研实现了小而精，解决问题快速有效，教师深度参与等目的。

五是无人监考监测。在学校所有班级，平时的质量监测、半期的质量监测、摸底的质量监测，逐渐推行无人化监考，给学生一种轻松的临考环境，培育学生诚信、守规的品格。

综合分析以上两个学校的文化构建，有以下一些值得思考的地方：

一是两个学校在构建校园文化时，充分考虑了文化构建的主题，就是紧紧围绕学校的办学理念进行构建，使校园文化构建有了主题思想和灵魂。

二是两所学校校园文化构建的路径、框架结构大致相同，都包括了环境文化、精神文化、制度文化、活动文化、课程文化等子文化系统。

三是两所学校在构建校园文化体系时，都有自己的理论体系和实践路径，都非常注重发挥校园文化的育人功能。

四是校园文化的构建，除了注重理论系统，还应高度重视校园文化的实践育人功能的发挥，让校园文化真正成为学校的灵魂与精神，成为推动学校向前发展的不竭动力。

第七章 校园文化建设中的问题思考与未来展望

　　校园文化是学校所具有特定的精神环境和文化真谛，它包括校园的建筑设计、校园景观、绿化美化这种物化形态的内容，也包括学校的传统、校风、学风、人际关系、集体舆论、心理氛围以及学校的各种规章制度和学校成员在共同活动交往中形成的非明文规定的行为准则、思想精神。健康的校园文化可以陶冶学生的情操，启迪学生心智，促进学生的全面发展。校园文化是学校本身形成和发展的物质文化，精神文化的总和。

　　校园文化建设被越来越多的学校作为发展改革的战略内容，这本应是一种极好的风尚和趋势，应当充分肯定。然而由于多种原因，在目前各地中小学风起云涌的校园文化建设热潮中，也随之出现了许多非文化本质所求的现象，使校园文化建设出现了许多问题，步入了不少误区。

第一节 校园文化建设中需要思考的十个主要问题

　　问题一：校园文化的主体是谁，由谁来承载传播校园文化？

　　构建校园文化，绝不是为了装点学校的门面，校园文化的主体是师生，是为师生成长、学校发展服务的。无论你的校园文化有多么丰富的用意，都不能偏离了这一核心，这也是构建校园文化的目标与方向。

　　问题二：校园文化应该由谁来构建，它的设计者创造者应该是谁？

　　构建校园文化必须是全校师生共同参与的一项教育活动，它有一个历史积淀提炼的过程，它具有非常强的潜在教育功能。师生参与建设校园文化的过程就是让学生与校园文化产生生命链接的过程。当师生真正成为校园文化建设者时，校园文化当中就能产生了"我"的存在。校园文化是一个学校全体师生的"集体叙事"，它里面包括了学校的许多教育故事，形成的是独特的共同精神，体现的是一所学校的个性特质。

问题三：校园文化里一定得有人的存在。

校园文化建设的硬伤之一就是见物不见人、见景不见人。只重视美感观感，而忽视人在校园文化中的存在和人的能动性的作用，其实，人才是校园文化里最动人的风景。当校园文化为了人、基于人、指向人、教育人的时候，文化便有了力量，文化就成了学校的精神灵魂和共同思想。

问题四：校园文化里缺少或没有应有的教育故事。

故事就是内涵，故事能使校园文化灵动起来，会自觉地让校园文化发挥潜在的育人功能，这才是校园文化的精神实质。而校园文化里的故事一定是师生在不自觉中共同编创的故事，是由许许多多师生在校园历史长河中在各自的教育实践中不经意间编创的故事，这样的故事他们最熟悉，他们乐于讲解，乐于传播，好的校园应该是故事校园。用教育故事的方式承载文化、留存文化、传播文化，校园文化便会因故事而柔软，因故事而传播久远，因故事而个性飞扬。

问题五：校园文化必须是能让师生读懂的文化，他们在创造、弘扬、创新校园文化中具有很强的自觉性和能动性。

据调查，现在学校的校园文化现状是，很多学校都有自己的校园文化，但是学校里有许多师生不懂、不了解、不关心自己的校园文化，甚至不知道学校里还有校园文化，校园文化与人严重脱节。要么是熟视无睹，要么是只闭门造车的建设，只有顶层设计或外来设计，没有广泛的师生参与基础，总之，校园文化被有意无意地束之高阁，成了学校里的"应景之作"和观瞻产品。如果把校园文化比喻为一本书的话，它一定是需要读者去阅读的，需要定期不定期地解读和使用，在解读和使用中不断地丰富其内涵，让师生在阅读中理解文化，在使用中内化文化，从而达到文化育人的教育功效。

问题六：校园文化一蹴而就，一旦校园文化一形成，就固化不发展了，没有不断更新创新，丧失了校园文化的生命力。

校园文化是学校历史积淀形成的，是师生共同创造的，虽然是校园文化，但他也具有文化的一般性特征，那就是它一样需要传承与更新，在传承与更新中叙说自己的教育故事，发挥文化的潜在育人功能。文化原本就应该是动态的，而非静止的。变是为了不变，是为了吐故纳新，是为了很好地彰显文化的精神力量。

问题七：校园文化预设得多，重顶层设计或外来设计，而自我生成提炼的很少。

校园文化需要创生和创意，但更需要师生在共同的学习生活中去发现和捕捉那些有意义、有故事的点滴，把那些零碎的教育故事片段串联起来，提炼出来，形成一所学校个性化的文化体系，变成学校思想，指引学校行动，教育广大师生，如此，校园文化便有探究性、实践性、互动性、生成性、开放性和教育性。

问题八：校园文化缺少一个真正属于自己的核心主题，有的校园文化完全走了复制之路，放在此校可以，放在彼校也行，无个性、无主题。

构建校园文化容易碎片化，想到哪点就做哪点，缺少主题，缺少灵魂，缺少整体美感，缺少方向性，让其变得支离破碎。校园文化虽然有叠加的成分，在建设时要受经费、人力资源、历史底蕴、理论储备等的限制，但是，每一处亮点景观加起来等于什么，共同指向于什么，学校的文化主题是什么？校园文化体现的共同思想是什么？它都需要有一个精神贯穿始终，形散而神聚，灵魂彰显，这才是富有个性完整的校园文化。

问题九：校园文化与课程思维严重脱节，校园文化中没有很好地融入课程思想。

校园文化建设不仅要把愿景变成风景，不仅要把自然景观建设成文化景观，还要把文化景观开发成隐形课程，校园文化就是一本书，它有自己的建构框架和知识体系，它有自己独特的育人模式。所谓校园文化的隐形课程特征，就是让校园文化与学科资源、人力资源相对接，把课程思想注射到校园文化的躯干中，把整个校园建设成为一部天然的校园教科书。

问题十：因为校园文化与人严重脱节的问题，所以校园文化成为师生不关注的文化。

师生能与自己的校园文化和谐对话是校园文化建设的第一标准。要让师生看见他们喜欢的风景，读懂自己校园的故事，愿意传承自己校园的故事，形成一种共同的思想行动，这样的校园文化才是师生自己的校园文化。

第二节 校园文化建设的基本价值取向

一、贯彻以人为本理念，打造和谐文化

和谐文化包含人们高度认同的共同价值观念，影响着人们的思想和行为准则，起着潜移默化的教育作用。为改变学校文化建设的主体"骨干化"现象，应坚持师生共同参与，突出主体性。校长是学校文化建设的引领者、培植者，应加强学习，努力充实文化资本，提升文化修养，形成文化自觉。师生是学校文化建设的主体。因此，学校文化建设应从"以人为本"的基本理念出发，充分发挥师生的主观能动性，激发师生的创造潜能，让师生在参与中受到熏陶和教育，从而拥有正确的价

值观、信仰、态度、作风和行为准则，形成对学校文化的认同感，打造和谐的学校文化，促进学校的内涵发展。

二、体现校本特色，兼顾学校传统文化和时代精神

学校文化建设，首先要从校内实际情况出发，正确把握办学的定位，考虑到学校基础、学校环境、师生情况的差异，制定适合本校发展、能满足师生根本需要的文化建设方案，以此来指导学校文化的科学发展。同时加强优良传统文化的教育与传承，并以现代先进的精神文化作为补充和融合，让学生在社会进步、时代发展的同时，思想也能与时俱进，也只有这样，才能让学校文明与时代同步，才能构建和谐的学校文化。

三、改善办学条件，构建优美的学校环境文化

学校环境文化是以静态的物质形态存在的一种文化形式，具有直接的视觉冲击力，包括具有美育和激励作用的学校布局。著名教育学家苏霍姆林斯基曾说过："用环境，用学生创造的周围情景，用丰富的集体精神生活的一切东西进行教育，这是教育过程中最微妙的领域之一。"学生不仅是学校美的欣赏者，也应该是学校美的创造者。在学校环境的建设和保养中，坚持学校与师生相结合，群策群力，教学总环境由学校负责，教学区内由各班师生动手完成保护。通过开展各类活动促进对硬环境的建设，给人耳目一新的感觉。通过学校净化、美化、绿化和靓化、特色个性化，使学校"春有花、夏有荫、秋有果、冬有绿"，处处能说话，处处有故事，精心营造优美的学校环境。

四、发挥特色优势，形成丰富的学校活动文化

学校文化活动是学校文化载体的重要组成部分。学校的育人主要通过学生的活动展开（认知活动、养成活动、培养活动、训练活动等）。根据学生的身心特长，寓教育于丰富多彩的文化活动中，让学生在活动中求真、求知、求乐，使他们在参与中自我教育、自我管理、自我发

展。根据不同年段的学生的认识结构、兴趣特点、能力水平和心理、生理特性，设计和采取多种活动内容和活动形式。

第三节 走出校园文化建设的误区

误区一：校园文化设计成了"面子工程"，重外表轻内涵，重感官轻思想，重环境轻人文。

校园文化是一种环境，更是一种氛围，是一种理念，是一种精神，是一种思想。良好的校园文化在培养学生的综合素质，优化育人环境，促进学校改革、发展与稳定方面起着重要的作用。

但遗憾的是有些学校的校园文化设计只停留在校园环境建设上，甚至有些学校把校园文化设计当成了对外宣传的"形象工程"，装扮自己的"面子工程"。如果不从学校的实际出发，不从学校的发展需要出发，不从育人的方向出发，把校园文化设计当成一种应景式的"面子工程"，那就陷入了误区。

误区二：校园文化设计成了"墙壁展览"

校园文化设计的核心是加强办学理念，加强学校精神文化的建设与培养。如何建设精神文化呢？

令人遗憾的是在一些学校把校园精神文化只是解读为校园"文化知识"。为了体现这些"文化知识"，到处是"墙壁展览""墙壁补丁"，一味地追求让每一面墙壁"说话"，在学校的橱窗里、走廊上、墙壁上、立柱上张贴着各种各样的名言警句、口号标语、古文涩句。孩子们不能全部理解，只能望文生义、望"墙"兴叹。这样做使校园文化设计陷入了"形式化"的误区，失去它应有的吸引力和感染力。

误区三：校园文化设计追求"标新立异"

"校园文化应该是一种固态的沉淀，是师生稳如磐石的精神根基。学校文化不是茶，越新越香；学校文化应该是一杯酒，越陈越能显示出他恒久的甘醇和无尽的魅力。"

但令人遗憾的是一些学校只是一味地追求"标新立异"，不是脚踏实地的"挖掘创新"。长此以往，学校文化必然失去由长期积淀而形成的文化特色，最终只能走向浅薄和浮躁，大概只能留下"文"，却丝毫起不到"化"的作用了。

误区四：校园文化构建纯粹交由公司打造，搞顶层设计或外来设计，本末倒置，把师生隔离于校园文化设计之外。

不少学校很注重校园文化的创建，总觉得学校教师水平有限，要想高大上档次的校园文化必须请专业的设计师来设计。其实设计只是从美观和用材出发，只是建筑物件的堆积，而校园文化是一种学校办学思想的外显。构建校园文化，必须是师生共同参与，蕴含丰富的学校文化历史，是通过师生群体共同提炼出的学校灵魂与精神，它的设计者创造者只能是师生，推动其更新发展的也只能是师生，而享受这些文化的主角也仍然是师生，上述这些任务公司是难以完成的，否则，构建的就是伪文化，这些文化就是空中楼阁，做给别人看的文化。

误区五：缺少人文参与，闭门造车式的文化构建。

构建校园文化时，很容易走向这样一个误区，就是学校几个领导甚至就是学校校长或者所谓的几个专家团队，关起门来思考，凭空捏造，进行闭门造车式的构建，这样做出来的文化，师生不能接受，理解起来困难，缺乏学校自己的教育故事，缺少学校的历史底蕴和文化内涵发掘，这样的校园文化放在学校就是一个摆设，它不会发挥其应有的潜在育人功能。

误区六：在校园文化建设中过分强调硬件建设。

一些学校不惜投入巨大财力，追求硬件设施的建设。校舍、花园、墙壁、大型报栏、电子屏幕、宣传标语追求高档化，似乎只有这样，才算是抓校园文化建设，才能彰显校园文化的特色，否则，就不算是搞校园文化建设了。有的学校甚或出现借债搞校园文化建设，影响到学校中心工作的正常运行。

误区八：在校园文化建设中用活动取代其他形式和内容。

在校园文化建设中重视开展各类教育活动无可厚非，因为开展教育活动本来就是校园文化建设中一种基本最常用的形式和载体，问题在于用开展活动代替一切，认为开展活动就是进行校园文化了。这其实是把校园文化肤浅化，简单化的做法。

误区九：在校园文化建设中重视显性的东西，忽视隐性的思想精神层面的内涵。

校园文化具有文化的一般功能和特点，那就是注重对人的思想、行为、心灵的熏陶、感染和启迪。但现在不少学校在校园文化建设中过分重视物质文化的作用的强化，而忽视学校中传统的传承、挖掘，忽视学校人际关系的协调及良好的教风、学风、导风的建设，人为地削弱了校园文化的本质即育人功能。

误区十：在校园文化建设中，追求时尚而轻视本土特色。

一些学校过分重视校园文化建设中的"与时俱进"，赶时髦，讲时尚，忽视学校所处地域的本土文化特色，忽视学校的自我个性特色，使所建设的校园文化缺乏"地气""根系"与"沃土"，没有生命力和品质。

总之，校园文化设计是一门艺术、一门科学，要结合学校的自身的文化从实际出发，打造属于真正属于自己独一无二的校园文化，只有符合师生需要、重视师生感受的文化建设，才能让师生获得真正有价值的文化体验。

第四节　加强校园文化建设的对策措施

一、高度重视校园文化建设

高度重视学校校园文化建设，需要多方的努力。教育行政部门，要把校园文化建设纳入教育发展战略；学校领导，要以建设和谐的校园文化为目标；教师要以校园文化建设为己任。

（一）教育行政部门，要把学校校园文化建设纳入教育发展战略统一规划，加强领导

"校园文化是学校教育的重要组成部分，是全面育人不可或缺的重要环节，是展现办学教育理念、学校特色的重要平台，是规范办学行为的重要体现，也是德育体系中亟待加强的重要方面。"加强学校校园文化建设，促进学生身心健康，有利于他们树立正确的价值观、人生观、世界观，促进培育有理想、有道德、有文化、有纪律、德智体美劳全面发展的中国特色社会主义事业的建设者和接班人。

教育行政部门作为教育事业的领导者，必须要高度重视校园文化建设，引领学校进行良好的校园文化建设，促进学生的全面发展和成长成才。《教育部关于大力加强中小学校园文化建设的通知》中指出："各地教育行政部门和中小学校要把校园文化建设作为今年深入贯彻落实中央8号文件的一项重点工作，加强领导，认真部署，列入重要议事日程，采取积极有效的措施推进这项工作。"教育行政部门要求把中学校园文化建设纳入教育发展战略，要制订本地区校园文化建设的具体规划，并认真组织实施。

（二）学校领导，要以建设和谐的校园文化为办学目标

学校领导是引领学校发展与前进的掌舵者，理应担负起建设和谐校园的责任。和谐的校园文化就是把学校建设成最适宜学生成长的"生态

系统",具备民主、科学、人文、开放的育人环境。学校领导要立足于学校实际,着眼于学校未来,积极构建物质文化与精神文化相协调的校园文化,开展丰富多彩的校园文化活动,促进校园和谐文化的建设。为此,学校领导要协调校园物质文化建设和精神文化建设。在校园文化建设中,优美的校园环境、齐备的教学设备必不可少,但是我们不可以用它代表整个的校园文化,而是把物质文化作为文化教育的资源,让学生在校园里写生、写作、唱歌、游戏等,通过这些活动,学生会对校园环境和建筑等人文景观、设施产生浓厚的兴趣,并愿意通过学习去了解这些现象、物质背后的文化内涵。学校领导要在与时俱进中营造积极向上的学校价值观、学校精神、学校形象等。培养学校价值观成为学校全体成员的共识,对学校形成持久的精神支撑。学校价值观的培养,需要师生员工的共同参与。学校价值观的构建及学校价值观的表达应该能够激励人心、简单易懂,让价值观转换为学校师生的行为。培育具有特色的校园精神激励师生,应注重方式的有效性和真实性,切忌精神的表象化和典型化,以免仅仅是说在嘴上,写在纸上,贴在墙上。树立良好的学校形象,提升学校整体素质与文明程度。教师和学生是学校形象的代言人,因此,要重视师生的形象塑造和行为引导,要求教师应以敬业、乐业、专业为自身职业形象,学生应以遵守公德、团结乐群为自身形象,从而在公众面前树立起学校的良好形象。

学校领导要设计和组织开展丰富多彩的校园文化活动。在形式多样的活动中,使校园主体得到良好发展和众多乐趣,既是学校教育和管理的美好理想,又是学校教育和管理的基本职责。许许多多的成年人,当他们回首学生时代的生活时,记忆犹新的往往是学校组织的一些健康向上的校园文化活动。正是这些有益的校园文化活动,不仅使青少年乐在其中,而且在他们认识社会、探索人生、展示才华、陶冶情操、形成良好品德方面产生了广泛而深远的影响。随着时代的发展,校园文化活动也应与时俱进，不能拘泥于固定的刻板模式。学校要有组织、有目的地选择一些适合校园主体尤其是学生心理成长特点的、内容健康向上的节目播放。注重内容的丰富性、针对性和时效性，寓教于乐，寓乐于教，让师生员工在潜移默化中受到启发和教育。如在校园开展音乐舞蹈活动、书画活动、体育活动等文体活动，音乐活动能净化人的心灵，陶冶人的情操；体育活动可以增强体质，使学生的身体和精神得到升华；书法绘画活动可以陶冶情趣、引人欣赏、使人心旷神怡。这些文体活动可以使校园主体的兴趣爱好得到更好的发展，愉悦师生身心，促进全面发展。

（三）教师要以校园文化建设为己任，当好校园文化建设的引导者

教师是校园文化建设的主力军，每个教师都是校园文化的建设者。教师在校园文化建设中起着主导地位，教师要以校园文化建设为己任。校园文化建设不是游离在校园生活和教育教学之外的一项孤立的任务，而是融合在其中的学校整体发展的组成部分。教师"传道、授业、解惑"的过程是校园文化建设的体现，能够在潜移默化中促进校园文化建设，正确高尚的教师文化和教师形象比直接教育作用更有效果和作用，更能让学生认同和效仿。教师可以帮助学生形成正确高尚的价值观和相应的自我导向机制，使学生自觉地、主动地、正确地对各种文化信息和影响进行辨析、扬弃、消化、吸收，使自身文化素质的发展过程变成一个自我教育、自我完善的自动化过程。

教师要转变思想认识，积极参与校园文化建设。教师要真正认识到参与校园文化活动是自己的天职，是管教管导在校园文化活动中的具体体现。学校教师要克服只教书不育人，以及认为校园文化与自己无关的思想。要实现校园文化建设的宏伟蓝图，离不开每一位教师的努力。每个教师都肩负着建设良好校园文化的责任，这是教师的工作性质所决定的。班主任、各科的任课教师等都应该充分发挥自己的聪明才智，把校园文化建设的具体工作落到实处。

二、以学生为本，加强学校校园文化的人文建设

以学生为本，把学生的根本利益作为校园文化建设的出发点和落脚点，尊重学生的人格和生命，尊重学生的劳动和创造，尊重学生的权利和权益，尊重学生的个性和自由，为学生营造一个奋发向上、严谨活泼、不断进取的人文环境，有助于学生成长成才，有助于学生的全面发展，有助于培养德智体美全面发展的社会主义建设者和接班人。校园文化建设的理念和目标是以学生为本，并且把以学生为本始终贯穿在整个校园文化建设的过程中。

（一）校园文化建设理念，要以学生发展为本

校园文化建设要弘扬学生主体精神，以"学生未来发展"为出发点，坚持"一切为了学生，为了学生的一切，为了一切学生"，充分发挥学生在校园文化建设中的创造性、积极性和主动性。学生积极主动参与校园文化建设是校园文化建设成功的保证，必须要以学生发展为本，强化学生的主体意识，落实学生的主体地位，使学生真正成为校园文化建设的主人，在参与建设中得到发展。校园文化建设要不断地满足学生的知识文化、休闲娱乐、全面发展等需求，充分考虑学生的兴趣爱好，建设学生社团等，为学生参与校园文化建设提供多元化的渠道，提高学生在校园文化建设中的参与度，为学生的成长成才提供一个有效的文化环境。在校园文化建设中，学校领导应高度重视，深入贯彻以学生为本的理念，把以学生为本的理念贯穿于学校各项事业中，把以学生为本作为学校一切工作的出发点和落脚点。坚持以学生为本，不仅是贯彻落实科学发展观的具体要求，同时还是坚持学生是校园文化建设的主体的本质要求。因为学生不仅是校园文化建设的规划设计者，还是主要实践者。学生积极主动参与校园文化建设是提高校园文化建设成功率的保

证。校园文化必须要树立以学生为本的理念，强化学生的主体意识，落实学生的主体地位，使学生真正成为校园文化建设的主人，在参与校园文化建设中得到发展。

(二)校园文化建设内容，要以学生兴趣需要为本

校园文化建设要想不断地满足学生的知识文化、休闲娱乐、全面发展等需求，还必须充分考虑学生的兴趣爱好，扩宽和发展学生兴趣爱好，提高学生在校园文化建设中的参与度，为学生的成长成才提供一个有效的文化环境。首先，校园物质文化建设要坚持以学生为本。物质文化建设必须体现人文思想，教学设施、学习设施、生活设施都要体现人文关怀，符合人性化的要求。校园设计规划要科学合理，功能配套，满足学生的学习、生活、娱乐需求。其次，校园制度文化建设坚持要以学生为本。制度的制定和执行必须人性化，实施人性化管理，促进教育者和受教育者关系的和谐。如对校园管理民主，设立校长信箱，给学生有更多的民主监督权利。再次，校园精神文化建设必须坚持以学生为本。和谐宽松的文化精神环境可以通过潜移默化把外在的要求内化为校园文化主体的自我要求，激发学生的求知欲望，逐步建立起正确的人生观、世界观，塑造优良的个性品格。最后，校园行为文化建设也要以学生为本。建构民主和谐的师生关系，转变为亦师亦友的师生关系，改变传统的育人方式和教学模式；加强对学生的人文关怀，教师定期和学生进行心灵沟通；积极组织各类活动，进行集体主义教育和爱国主义教育，培养学生良好的道德品质和行为习惯；打造学生平台，为学生发展自我、张扬个性提供舞台，促进学生的全面发展。

(三)校园文化建设过程，要注重民主共建

校园文化建设的过程包括校园文化建设的设计、组织、实施等，在这整个过程中都必须要以师生为本，让师生积极主动参与进来。在校园文化设计的过程中，要进行民主调查研究，积极听取广大师生的意见，

把师生合理的意见纳入设计蓝图中。校园文化建设的目的是促进师生成长成才，为师生的全面发展提供外部环境和平台，因此在校园文化建设设计过程中，听取师生合理的意见，有助于完善设计规划，使校园文化建设设计更科学、合理、人性化，从而才有利于促进学生的全面发展。同时，师生是校园文化建设的主体，在校园文化建设组织实施过程中，必须充分发挥师生的主体地位，使学生积极参与、乐于参与。就活动开展本身而言，需要立足于师生真实生活和成长特点，不断拓展活动的内涵、提升活动的意义，从提炼师生的生活感受和成长体验中促进健康人格的形成。学校在开展活动时，要不断尝试重心下移，让师生有更多的机会参与到校园文化建设中去，这样可以使师生的行为和想法成为多彩校园中一抹亮丽的风景。

(四)校园文化建设目标的实现，要促成学生主人翁意识

在校园文化建设中，以学生发展为本，强化学生的主体意识，落实学生的主体地位，使学生真正成为校园文化建设的主人。校园文化建设的最终目标是促进学生主动健康发展，培养全面发展的人才是现代学校不容推卸的使命和责任。首先，校园环境应成为学生主动交流文化、展现自我、寻求发展的土壤。在现代，学校应特别注重校园环境的育人价值。例如，在校园布置的素材方面，选择学生在学习、生活中的作品，比如书法、绘画、手工、摄影和文学习作等，并力求使每一位学生的智慧都能够有机会展现。在教学楼走廊处，定期展示学生的字画作品，张贴由学生共同推荐的名人名言，让学生成为自己校园的欣赏者、设计者和建设者，对学生主体地位的发挥具有重要作用。其次，在开展学生活动方面，应以学生主动发展为价值导向，让学生参与的同时提升文化品位。学校丰富多彩的活动是校园文化形成的载体，经验已经证明，成功的活动犹如生活中的浪花、记忆中的亮点，在学生的生命发展历程中会留下鲜明的痕迹，在关键的时期还可能成为学生发展阶段转换的敏锐出发点。

三、搞好班级文化建设，突出班级文化特色

与学校层面相比，班级是学生参与校园文化建设更为具体的领域，生活于同一班级的学生由于长期的共同活动而形成了带有本班特色的文化、心理氛围。班级文化是以班级师生之间、学生之间的活动和交往为基础而形成和发展起来的。班级文化在学生个性发展中具有积极的效应，因此，学校在加强班级文化建设，形成班级文化特色，促进学生发展上，一般要注意以下几个方面的问题。

（一）立足实际，挖掘特色

班级文化建设不是对其他文化的简单移植，也不是其他文化的翻版。班级文化要形成自己的特色，就必须要立足于学校的实际、班级的实际及任课教师的实际。首先，立足于学校的实际，就是要充分借助学校优良的传统、校风、学风来建设班级文化。学校在长期的发展中形成的学校精神往往可以成为学生在精神上崇拜的对象和作为心灵慰藉的家园。学校的这种精神是班级文化建设的导向和发展的动力。学校的这种精神特质，具有强大的磁场效应，其作用犹如液体渗透般，细润无声而又不可抗拒。这种优秀可贵的精神财富是建设特色班级文化的重要立足点。其次，立足于教师的实际，就是指不同的教师在教育学生中有不同的方式方法，不同教师的价值观念、行为习惯、知识技能、学科知识或技能等具有不同的特点。一方面是指教师所特有的个性特征与行为方式，另一方面是指教师所拥有的教育观、教学观、学生观、教育教学方法等。教师的个性与特色也是建设有特色班级文化的一个立足点。班主任要善于利用自己的优势和特点来建设适合学生更好发展的班级文化。再次，立足于学生的实际。学生是班级建设的主体，良好的班级文化的构建需要从学生的实际出发，只有这样才能为建设班级文化打好基础。在现在开放的时代，学生作为独立的有意识的个体有其特点，班级文化

建设必须充分关注学生的实际，发现学生的特点和闪光点，找到发展学生的立足点，找到建设班级文化的基点。善于引导学生发现自己的优点和长处，改进不足，让学生在班级文化建设中改变自我、完善自我。

(二)美化教室环境，发挥教育功能

心理学中说，自然环境对人造成的影响主要是通过客观现实对人的心理产生影响。苏霍姆林斯基说："如果你想使人道德达到完美与和谐的境地，那你就要创造环境与言语的和谐关系。"教室是学生学习的主要场所，教室环境中物质、精神因素会对学生的心理产生影响，进而影响到学生的学习、行为方式、价值取向。优美的教室环境，不仅可以给学生增加学习生活的乐趣，缓解学习生活的疲劳感，而且还能培养学生的审美观、陶冶学生的情操、激发学生关爱集体、增强班级凝聚力。首先，教室要干净整洁，养成学生讲文明、讲卫生的好习惯。其次，教室的整体布置要体现班级的奋斗目标和特色，使教室的墙壁会说话。班训应该贴近实际、言简意赅、激励人心，张贴在教室醒目之处；黑板报应该字迹工整、图文并茂，不断开辟各类特色栏目，如展览各类优秀作文、优秀美术作品、优秀书法；摆放盆栽绿色植物，增加教室的生机活力；开辟图书角，发挥读书育人的功能；教室的布置还可以发挥学生自己的想象空间，利用自己喜爱的卡通人物、名人名言等装扮教室。总之，优美的教室环境，给予师生强烈的班级荣誉感，给学生提供一个舒适的学习环境，有利于促进学生健康成长，培养学生健全的人格。

(三)优化人际关系，提高教育实施水平

人际关系反映了人与人之间的交往，是人们在生产、生活中建立起来的一种社会关系，它反映了个体寻求满足社会需求的一种心理状态和意识。人际关系影响着个人的情绪、生活、工作，同时影响着组织气氛、组织运作、个人与组织的关系。班级人际关系主要是由班主任、任课老师、学生之间的关系构成的。良好的人际关系环境，不仅可以使人

奋发向上，还可以使班级形成良好的集体意识。良好的集体意识是一种向上的群体规范，是对学生思想品德的一种无形的巨大的力量。首先，要优化班主任和学生的关系。班主任要让学生参与班级决策，对于班级管理制度，要吸取学生的意见，让学生参与制度决策的制订、修改、实施。还要让学生参与班级管理，让每个学生都有机会参与到班级管理中来，如实行班干部轮换制，在班中设立多种岗位，如值日班长、安全监督员、清洁管理员、桌椅管理员……学生个个都是"官"，每个学生都能在不同的角色体验中获得人际交往的经验，体验管理班级的酸甜苦辣，培养学生的主人翁意识，促进班主任和学生形成平等、民主的和谐关系。其次，优化学生与学生之间的关系。通过召开主题班会和其他文体活动，以不同的活动形式如演讲、讨论、小品、茶话会等，促进学生相互交流，促进学生们形成良好的人际关系。再次，优化学生与任课教师的关系。任课教师和学生应该建立平等、民主的关系，改变传统的刻板的老师和学生的关系。任课教师在平时的教学活动中注重听取学生的意见和看法，不断改变教学方式和方法以满足学生发展的需要。学生应该尊重任课教师，积极与任课教师建立和谐的关系。班主任、任课教师、学生相互之间关系融洽，团结互助，相互理解，平等、友好相处那么就能形成一种使人奋发向上的氛围。

第五节 校园文化建设的未来展望

一、提高校园文化建设的价值取向

通过文献分析发现，目前我国校园文化建设过于形式化、表征化，喜好用一些炫目华丽、整齐划一的包装来展现所谓的校园文化，而缺乏对校园文化建设价值取向的追问。在这种背景下，一些学校认为，校园文化建设就是对学校物质、精神和制度等层面进行精心"装扮"一番。于是乎，一些学校大力进行各方面的改造。譬如：在校园里栽一些漂亮的花木，建设一些宽敞明亮、设备先进的教学楼、图书馆、体育馆；请专家指点，弄出个校风、校训、教风、学校理念；想方设法提出一套分工明细、奖惩分明的规章制度等。他们认为只要按这样的标准给学校装扮一番，一种全新的校园文化就诞生了！这是校园文化建设吗？显然不是。充其量这只是给学校装个好门面罢了，或者说是一种学校发展规划指标，远没有上升到校园文化建设的高度。可以说，这种校园文化建设是以学校指标发展为价值追求，其目的是追求短期的效益，因而必将导致功利色彩浓厚，而文化气息暗淡。广义上说，有了人，就开始有了历史，也就开始有了文化。人之所以为人，即作为区别于其他物种的"类"，不在于人是一种具有自己生理特性的物质存在，而在于人有"文化"。什么是文化？简单地说，文化就是"人化"——依"人"的意义、向人的理想改变世界和人本身，使之美、善、雅、自由、崇高……文化意味着让人的生存状态更完美和完善。

由此可见，人与文化是一种互为依存的关系，没有人也就没有文化，没有文化也就无所谓人的存在和发展。根据这样的理解，作为文化的一个独特存在，校园文化和人（学生与教师等）无疑也是一种相互依存、共生共长的关系。由此可见，校园文化建设的价值不是简单的学校规划和建设，而是以文化影响人，最终实现校园文化与人的互动生成与共生共长关系。如果我们的校园文化建设背离这一价值取向，就会浮于表面，抓了"形"，却丢了"神"。那么，如何使校园文化建设切实关注到人的存在、促进人的发展，无疑将是未来校园文化建设需要探讨的一大主题。

二、实现校园文化建设与教学的双向互动

当前校园文化研究过多停留于相关理论层面的探讨（譬如，"校园文化是什么""如何建设校园文化""校园文化由哪些要素构成"以及

"校园文化与教育改革与发展各方面关系"等），而缺乏对教学层面的关注与探讨，更没有建立起二者之间的互动转换关系。理论层面的探讨固然必不可少，但是，过多的理论探讨，则遮蔽了对学生日常真实生活——教学的关注与思考。换句话说，校园文化建设应该踏踏实实地落实于学校日常的教学，在教学过程中建构校园文化，进而以文化对学生产生方方面面的影响，如果脱离教学，校园文化建设终将是"纸上谈兵"。

可以说，广义的文化就是一种生活方式。有人认为，文化是人自己创造出来满足自己需要的生活方式。同时，由于属人的生活方式创造出来，引发了人的新的需要，新的生活方式又不断地创造出来。人类以何种方式生活，则取决于人类在特定历史条件下创造生活的条件。基于这种理解，校园文化也是一种生活方式，而且是一种独特的生活方式——学校日常的教学。在学校教学过程中，学生接受着既定的文化，获得了发展，在发展的过程中又存续、创造出新的文化，可以说，教学是校园文化建设的落脚点和基石。有人认为，通过教学，人，首先主要是学生，学习一定的文化知识，经历特定的教学过程，获得由于学习和掌握文化知识而实现的具体的进步与发展；一定的文化知识，作为教学内容为教师所教、为学生所学，并内化于人的内在精神结构的一部分，在促进人的发展的同时，也实现了自身的延续、更新和发展。所以说，校园文化建设要源于教学，融于教学，在教学中实现学生的发展和文化的生态循环。如果校园文化建设脱离了学校的日常教学，势必会成为无本之木、无源之水。因此，当前的校园文化建设应该向教学层面拓展，只有将校园文化建设与教学实践结合在一起，才具有切实改善教育和改进教学的价值和意义。因而，探明校园文化建设与教学之间的关系、实现二者之间的互动生成，将会成为未来校园文化建设的另一大主题。

三、进一步整合校园文化建设的资源并开辟新的路径

由于校园文化建设是一个非常复杂的过程，内容涉及面广，因而学者们对其建设途径的探讨也丰富多样。教育研究者和实践者纷纷从不同角度提出了自己的观点，但是，通过文献梳理发现，目前对校园文化建设途径的探讨过于分散，缺乏统一性。因而今后探讨各种途径之间的关系，整合校园文化建设途径，使其形成一个有机整体，发挥最佳效果，将是我们需要探讨的又一大主题。同时，当前有一部分人借外国校园文化理论来指导我国的校园文化建设，这就不可避免地存在水土不服的现象，因而如何使国外的理论本土化，也是我们需要探讨的一个主题。此外，当前人们对校园文化建设途径的探讨理论深度不够，闭门造车、泛泛而谈的现象严重，更缺乏深入的实证研究。因此，未来学校文化建设不应只满足于提出一个新的建设途径，开创一个新的领域，而且更需要积聚力量，对每一个建设途径加以深入探讨和实证研究。

四、促进城乡学校校园文化建设共同发展

通过文献梳理我们还发现，当前的校园文化建设主要集中于城市的一些学校，对于广大农村学校来说，基本上还处于"真空"状态，出现了校园文化建设城乡失衡的现象。城市学校由于条件相对较优越，在校园文化建设的理论和实践方面，得以快速推进，而农村学校由于信息较为"闭塞"，办学条件的限制，校园园文化建设相对滞后，甚至停滞不前。加之，农村学校在领导者素质、师资力量、学生成分、教学硬件等方面都落后于城市学校，这就使得校园文化建设更是难上加难。由此可见，未来要大力加强农村校园文化建设，做到城市与农村兼顾，以城市校园文化的建设及其研究带动农村学校校园文化建设及其研究，并且也要加强农村学校校园文化建设的实践尝试对城市学校校园文化建设的"逆向回馈"效应。因而，从根本上说是一种校园文化的重建，赋予了学校一种新的文化，这种文化改变了教师教和学生学的思维方式。最终

达成城乡学校校园文化建设理论研究和改革实践的共同发展。

五、加强学校文化建设与社会文化之间的联系

学校文化建设不是自给自足的存在，它总是受社会文化的制约与限定。正如学者叶澜所言，若把学校文化建设仅仅与校园文化、课程建设联系在一起，必然缩小了学校文化建设的意义、任务与功能，在学校处于转型性变革时期的今日中国更是如此。当代中国学校领导首先要有一种文化自觉，即意识到学校的文化精神，学校在当代中国社会的文化发展中的历史使命。这是由中国社会的学校文化建设与社会大文化复杂生态直接关联所决定的，也是由学校在文化继承和创新中的独特地位与功能决定的。因此，学校文化建设不能仅仅局限于学校范围内思考问题，而应该关注到社会文化环境对学校文化建设的影响，建立起社会文化与学校文化之间的联系，这样我们的学校文化建设才具有现实意义，才能最终培养出社会需要的人。那么，在当前市场经济、全球化、信息社会、多元文化的背景下，学校的教学内容、教学手段和师生关系等方面应该呈现出一种什么样的文化倾向，应该如何建立起社会文化与学校文化之间的联系?这些问题无疑也应是我们未来学校文化建设的重要课题。

参考文献

[1]龚学增.民族精神教育读本[M].北京：中共中央党校出版社，2003.

[2]陶行知.生活即教育[M].北京：教育科学出版社，1981.

[3]任顺元.论学校文化特色[M].杭州：浙江大学出版社，2010.

[4]王继华.教育新文化执行力[M].长沙：长沙岳麓书社，2008.

[5]朱永新.我的教育理想[M].桂林：漓江出版社，2009.

[6]汤洁.提升人文底蕴 倡导文化育人[J].中国电力教育，2010(30).

[7]丁东澜.校园文化的概念、特征、功能及其建设[J].浙江师范大学学报，1988(1).

[8]张秀琴.校园文化精神与高中生健康人格的养成[M].厦门：厦门大学出版社，2009.

[9]袁先澈.学校文化力建设策略[M].重庆：西南师范大学出版社，2009.

[10]李希贵.重新定义学校[M].北京：中国人民大学出版社，2017.12.

[11]李红婷.探寻学校自主变革之路[M].北京：北京师范大学出版社，2016.5.

[12]张云鹰.教育智慧与学校创新[M].北京：人民教育出版社，2013.5.